제13회
미당문학상
수상작품집

제13회
미당문학상
수상작품집

황병승   내일은 프로

중앙일보
문예중앙

차
례

수상작가 황병승 특집

수상작	내일은 프로	9
수상 소감	이것은 기프트다	24
자선작	앙상블 외 28편	26
수상작가가 쓴 연보	시, 미래에 대한 불안으로부터	130
수상작가 인터뷰	계속할 것인가 중단할 것인가 _송승환	135

최종후보작

강성은	환상의 빛 외 5편	152
김행숙	인간의 시간 외 5편	162
이민하	감은 눈 외 5편	173
이수명	나무에 올라갔는데 외 5편	190
이원	우리는 지구에서 고독하다 외 5편	202
이현승	벼룩시장 외 5편	220
차주일	골목 외 5편	234
최정례	인터뷰 외 5편	248

심사 경위	제13회 미당문학상 심사 경위 _하현욱	259
심사평	이 사회의 서발턴들의 처절한 고독 _이시영	262
작가 소개		264
작품 출처		266

제13회
미당문학상

수상작가
황병승 특집

수상작	내일은 프로
수상 소감	이것은 기프트다
자선작	앙상블 외 28편
수상작가가 쓴 연보	시, 미래에 대한 불안으로부터
수상작가 인터뷰	계속할 것인가 중단할 것인가 _송승환

황병승의 시는 개성 강한 젊은 시인들의 시에 비해서도 압도적으로 독특하다. 언뜻 기이한 '악동'의 놀이처럼 보이는 그의 시는 결코 가볍지 않은 실험적 정교함을 가지고 있다. 그의 시적 스타일은 우리에게 익숙한 시적 표현의 범주들, 가령 잘 조율된 화자의 목소리 같은 것을 철저히 배반한다. "나는 보여주고자 하였지요, 다양한 각도에서의 실패를. 독자들은 보았을까, 내가 보여주고자 한 실패."(「내일은 프로」)라는 구절이 시사하듯, 그의 시는 '나'라는 (무)의식의 가설무대에서 '나'의 짝퉁 이미지를 무한증식시키며, 시다운 무엇을 기대하는 독자들을 조롱하는 놀이를 지속한다.

시인은 '의도된 실패'를 위해 언어를 세팅한다. 로케 현장을 옮기듯 수많은 장소, 수많은 텍스트, 수많은 가면을 찾아다닌다. 언어의 좀비로 춤추는 '나'(「데바다히슬」)라는 껍데기는 늘 그의 시에 깔려 있는 밑그림이다. 궁극적으로 '꽝'으로 소환되는 '나'의 기괴한 언어놀이는, 존재와 삶의 의미를 지배하는 표상들과 현실의 문법을 뒤흔들어 분리와 배타성, 정상의 영역을 강제하는 '검열'에 맞선다. 그 날카로운 언어감각과 실험의 정치성은 결코 놓쳐서는 안 될 부분이라 판단되어 심사자들의 뜨거운 토의 끝에 후보작으로 선정하였다.

— 허혜정 · 문학평론가

수상작

내일은 프로

침묵하거나 침묵하지 않으면서

　나는 보여주고자 하였지요, 다양한 각도에서의 실패를. 독자들은 보았을까, 내가 보여주고자 한 실패. 보지 못했지…… 나는 결국 실패를 보여주는 데 실패하고 말았다! 쓸모없는 독자들이여, 당신들은 어디에 있었는가. 불빛 속에서, 아름답게 흐르는 강물을, 다리 위에서, 보고 있었지. 어둠 속에서, 나는 밤낮으로 출렁거리며, 다리 아래서, 보여주고자 하였는데, 괴로워…… 그러게 말입니다
　실패한 자로서, 실패의 고통을 안겨주는 이 페이지에서, 당신들이 수시로 드나들 이 페이지에서, 페이지가 너덜거리도록 당신들과 만나는 고통 속에서,
　"나는 실패를 보여주고자 하였으나 보기 좋게 실패하고 말았네. 이거 이거, 실패를 보여주기에는 역시 역부족이란 말인가. 괴롭습니다, 괴로워요……"라고 말이지요

찬비가 얼굴을 때리는 새벽,

나는 누구에게라도 전화를 걸고 싶었습니다
죽은 할머니에게라도 할아버지에게라도
거리의 부랑자들과 매춘부들에게라도
웃거나 울지 않으면서
침묵하거나 침묵하지 않으면서
술집에서 만난 보이와 건달 녀석에게라도
나는 전화기를 들고 아무 번호나 눌러대기 시작했지요
하지만 모두들 이렇게 말하는 겁니다

누구시죠? 누구십니까?

*

이렇게 '영원'이 되고 말겠지

찬비를 맞으며
삼 일 만에 귀가했을 때
집 안은 어두웠고 여자는 침울한 얼굴로
식탁에 앉아 있었습니다

우리는 약속을 했지요
지난달에도 지지난달에도
우리는 약속에 도달하기 위해
서로를 철사로 꽁꽁 묶었고
우리는 서로에게 석고를 들이부었습니다
그리고 오늘은 석고가 부서져 날리는 새벽

"당신은 내가 좋아하는 살구를 한 번도 사다 준 적이 없지…… 당신은 살구를 한 번도 사 온 적이 없어…… 어째서, 내가 그토록 원하는 살구가 당신의 마음속에 뿌리내리지 못했을까…… 당신은 살구 대신 복숭아를 사 오곤 했지, 나는 복숭아 알러지가 있는데…… 언제나 당신뿐이라고, 언제나 당신이 우선이라고 말하는 당신의 마음속에…… 어째서, 나의 간절한 살구가 열매 맺지 못했을까……"

여자는 울음을 터뜨렸지요

"나쁜 새끼 같으니라고!"

나쁜 새끼는 나뿐인 새끼, 나밖에 모르는 새끼, 라던 누군가의 말이 떠올랐습니다

"살구 때문에, 살구 하나 때문에, 라고 말하지 말아…… 살구는 내가 지금까지 당신과 함께해온 이유이고 목적이고 전부였으니까…… 살구 때문에 나는 당신과 함께 지내는 내내 괴로웠고…… 살구 하나 때문에 당신과 한동안 떨어져 지내야 했으며…… 살구 때문에 떨어져 지내야 했던 한동안이 이렇게 '영원'이 되고 말겠지…… 살구 때문에, 살구 하나 때문에……"

여자는 집을 나가버렸습니다

*

세탁기하곤 말이 안 통하니까

이봐 피츠, 부모님은 무슨 일 하셔?
세탁소
어디에서?
어딘가에서
깨끗한 옷 좋아해?
금세 더러워질 테지
나쁜 짓 많이 했어?
살인 빼놓고
부모님은 뭐라셔?
뭘 뭐라셔
하긴 세탁부들은 대개 말이 없지
세탁기하곤 말이 안 통하니까
너도 다를 건 없어
뭐라고?
이봐 피츠! 그러니까 내 말은 소가 쓰러질 때까지 투우는 계속되지 않겠냐는 거야
무슨 소리야, 갑자기
알아, 우린 언젠가 창에 찔린 소처럼 쓰러지고 말겠지
웃기시네

웃기시네라니, 누가 누구한테?!
차라리 머리통을 세탁기에 처넣고 말지
그럼 내가 스팀다리미로 문질러줄게
내 머릴?
네 머릴
빳빳하게?
빳빳하게
현찰처럼?
기념우표처럼
서랍 속에라도 넣어두게?
그래, 금고 깊숙이

와아…… 피츠는 갑자기 혼자가 되어버리겠군!

*

갑자기, 나는 혼자가 되어버렸습니다
캐리어를 끌고 골목 끝으로 사라져가는 여자의 뒷모습을 보며
피츠 피츠…… 나는 왜 불현듯 지난가을에 적어두었던 메모가 떠올랐을까요

*

차와 간식이 없는 세상에서

여자는 도시 사람답지 않게 순박하고 정이 많은 사람이었는데요
내가 좁은 방에 틀어박혀 소설을 끄적거리고 있을 때면
여자는 차와 간식이 담긴 쟁반을 건네며 덜떨어진 미소를 짓고는 했었지요
나는 그때마다 다짐을 하지 않았겠습니까
두더지처럼 생긴 여자의 얼굴을 올려다보며
살아 있는 동안 아름답고 근사한 것을 만들자
죽는 순간까지 책상 앞에 쪼그려 앉아
연연하고 고려하자

그러나 이제는 두 번 다시 그녀의 두더지 같은 얼굴을 볼 수 없겠지요
그녀가 건네주던 따뜻한 차와 간식도 더 이상 받아먹을 수 없을 것이고
그녀의 순박한 말투와 웃음소리도 더는 들을 수 없겠지요
아 아름답고 근사한 것은 무엇이며
벽면 가득 붙어 있는 저 메모 쪼가리들은 다 무엇이란 말인가

*

그러나 나는 아무것도 두렵지 않다

이봐 피츠, 이 길 끝에는 뭐가 있어?
이 길 끝에는…… 지금은 아무것도 보이지 않아
전당포도?
전당포도
스낵바도?
스낵바도
잠자리도?
잠자리도
맙소사, 우린 완전히 길을 잃었어
우린 완전히 새로운 길 위에 있지
우린 너무 멀리 와버렸어
하지만 우린 더 멀리 가야 해
우린 곧 쓰러지고 말겠지
창에 찔린 소처럼 말이야?
나는 지금이 너무 무서워
나는 지금 아무것도 무섭지 않아
꿈이었으면 좋겠어

그럼 또다시 피를 흘려야겠지
우린 너무 많은 걸 잃었어
우린 많은 걸 배우게 될 거야
아무도 우릴 뒤쫓지 않아
우리가 전부 해치웠으니까
아무도 우릴 막아서지 않아
우리가 악몽의 주인이니까!
나는 지금이 너무 두려워
나는 지금 아무것도 두렵지 않아
우린 곧 죽고 말겠지
우린 지금 태어나고 있어
나는 태어나고 싶지 않아
아무도 원해서 태어나지 않아
제발 이 모든 게 꿈이었으면
부디 이 모든 게 꿈이 아니기를……

*

피츠 피츠……
희미하게 밝아오는 새벽 거리를
나는 달리기 시작했습니다

비에 젖은 후줄근한 옷차림도 아랑곳하지 않은 채
여자가 집을 나갔다는 사실도 잠시 잊은 채
소설, 소설만을 생각하며 나는 달리기 시작했지요
또다시 실패를 보여주는 데 실패하고 말지라도
누구시죠 누구십니까, 아무도 나의 목소리를 기억하지 못할지라도
마지막으로 한 잔 더, 마시며 소설을 완성하고야 말겠다는 들뜬
마음을 주체할 수 없어서
나는 달리기 시작했습니다 술집을 향해

*

쿵쾅 쿵쾅 쿵쾅 쿵쾅

나는 술집의 나무 계단을 미친 듯이 뛰어 내려갔지요

쿵쾅 쿵쾅 쿵쾅 쿵쾅

그러나 어찌된 영문인지 계단은 끝없이 이어졌고
끝도 없이 이어지는 계단과 전쟁을 치르고 있을 때
어디선가 귀에 익은 목소리가 들려왔습니다

……남자는 잘생긴 코지
좋은 군인은 모두 좋은 코를 가지고 있어
너는 네 엄마를 닮았으니
최악의 코를 가진 불쌍한 녀석이 되겠지
좋은 군인은 나 하나로 족하다!

아버지의 목소리……

나는 계단 아래 보기 좋게 처박히고 말았습니다, 피……
코피가 흘렀지요
나는 손등으로 코피를 닦으며 술집 문을 흔들었습니다
그러나 문은 굳게 잠겨 있었고
머릿속의 구상은 온데간데없이 날아갔고
소설은 여전히 미완성이고, 여자가 떠난 텅 빈 집은
또 얼마나 춥고 불쾌할까

……그래요, 아버지
좋은 군인은 기품이 있죠
군대의 기품은 계급이니까
칼라 collar 가 더럽게 빳빳하죠

앞으로의 인생은 둘째 치고

어린 시절, 아버지는 나를 가끔 나무 위에 매달아 '주셨습니다' 교육이라는 것인데……

나는 나무 위에 몇 시간씩 매달린 채로 나의 지나온 행적과 앞으로의 인생이라는 것에 대해 생각하고 또 생각해보려 했지만, 까마귀들이 날아와 미친 듯이 울어댔고, 어떤 날은 비가 억수같이 퍼부었으며, 또 어떤 날은 날벌레들이 콧구멍 속을 바쁘게 들락거리는가 하면, 또 어떤 조용한 날엔 거미들이 얼굴에 흰 줄을 치기도 했지요
 반성이나 앞으로의 인생은 둘째 치고 내가, 여기, 왜 매달려 있어야 하는지에 대해 생각할 겨를도 없이 어떤 비참한 인생이 시작되고 있었던 거지요

*

벙어리는 침묵과 절름발이는 목발과

나는 술집 계단 아래 거꾸로 처박힌 채
다짐을 했습니다, 오늘은 무슨 일이 있어도
에이전시에 연락해서 타이피스트를 부탁해야지
머릿속의 구상과 잠꼬대와 헛소리를 정확하고 빠르게,
열정적으로 기록할 수 있는 타이피스트!
기계와도 같은 타이피스트를…… 에이전시, 타이피스트
에이전시라니, 타이피스트라니……

나는 계속해서 흐르는 코피를 닦으며
절뚝거리는 다리로 술집의 나무 계단을 올라섰습니다

내일은 프로
내일은 프로

중얼거리며, 말이지요

수상 소감

이것은 기프트다

이것은 기프트다 심장에서 조용히 부서지는 포말이다 상자 속의 물결치는 파도이고 물결치는 파도 속의 이끼 낀 손바닥이다 솟구치는 따귀다 정신이 번쩍 드는 넘버링이다 나는 젖가슴을 달고 가면을 쓰고 남자도 여자도 아닌 채로 간다 채찍을 휘두르면서 채찍을 삼키면서 간다 귀머거리에 장님인 채로 나는 간다 멋지게 배신당하고 멋지게 배신하며 간다 여럿이서도 가고 혼자서도 가고 사라진 채로도 간다 위로 속에서 동정 속에서 손가락질 속에서도 간다 파묻으며 간다 파묻힌 채로도 가고 처박힌 채로도 간다 나는 간다 발목을 자르고 심장을 도려낸 채로 간다 죽어서도 가고 죽었다 깨어나서도 간다 가고 가는 길 위에서 큰 힘을 보태주신 심사위원 선생님들께 진심으로 감사드린다 그리고 늘 곁에서 더없는 애정으로 조언과 격려를 아끼지 않는 이원 선배, 함께 있다는 것만으로도 든든한 김행숙 송승환 곽은영 동료 시인들에게도 고마움 전한다

자선작

앙상블

골방의 늙은이들은 우물쭈물하지
죽음이 마치 올가미라도 되는 양

한 걸음 한 걸음 내딛으며 울음을 터뜨리는 아가들
인생이 마치 가시밭길이라도 되는 양

알약을 나눠 먹고 밤거리를 배회하는 소녀들
환각이 마치 지도라도 되는 양

편지를 받아든 군인들은 소총을 갈겨대지
이별이 마치 영원이라도 되는 양

술에 취해 뒹굴며 자해하는 노숙자들
육체가 마치 실패의 원인이라도 되는 양

각별하고 깊은 감정은 어디에서 오는 걸까
침묵이 마치 그 해답이라도 되는 양

놀람 속에서 바라보는 시인들
순간이 마치 보석이라도 되는 양

가죽과 이빨

    사랑과 헌신을 전면에 내세우고 돌아서는 즉시 파기하며 악의에 차 봉사하고 극기를 비웃으며 재활의지를 꺾고 좀먹게 하고 자신의 진정한 노예로 태어나 모든 형제자매들의 잔혹한 주인으로 군림하며 오로지 타인을 짓밟을 때에만 의지를 불태우고 조용히 단호하게 음탕한 정신을 찬양하며 성심 성의를 다해 술과 약물에 의존하고 열렬히 과거에 집착하고 화해를 원하면 입구를 투쟁을 요구하면 출구를 봉쇄하고 정당화하고 자유가 아니면 죽음을, 외치며 타인의 자유를 강력히 구속하고 체력을 과시하고 난장판을 사랑하며 뒷거래에 주력하고 악착같이 살아남아서 위중한 몸으로 이를 악물고 악착같이 살아남아서 모든 형제자매들에게 끝없이 요구하고 뭉개고 뭉개고 앉아서 자신을 향한 경멸에 찬 시선을 모조리 무시하며 기침으로 끝없는 기침으로 회피하며 입 속에 고인 가래가 기도를 막을 때까지 조용히 그리고 단호하게 마지막 숨통이 끊어질 때까지

                                *

    셰퍼드가 사람을 구분하는 데 3초…… 너무 길다

황병승

톱 연주를 듣는 밤

타오르는 촛불 아래서 약혼자에게 편지를 쓰다 말고, 나는 신경쇠약에 시달리는 카프카가 되었습니다

쭉정이 같은 모습으로 늙어갔을 사내, 그러나 그 누구도 손가락질할 수 없을 만큼 나는 재능 있고 병들고 고단한 사내입니다

참았던 숨을 길게 내쉬면, 마음에 작고 따뜻한 구멍이 생겨

톱 연주를 듣는 밤은 나의 초라한 모양이 싫지가 않습니다

숨 가쁘게 살아온 지난날들에 대해 얘기해볼까요
작년 가을에는 꿈속에서 일곱 명의 남자를 잔인하게 살해한 경력을 가지고 있습니다

나는 지금도 경찰에 쫓기는 몸이지만, 사랑하는 약혼자와 노모 때문에 자수도 못하고 괴로워하는 꿈을 자주 꿉니다

사람들에게 변신을 내가 썼다고 말했습니다
안개와 어둠뿐인 성 주변을 맴돌며 오늘도 심판을 기다리고 있다고……

누가 진실을 알고 있습니까
왜 아무도 나를 이곳에서 끌어내지 못합니까

어머니는 민들레 잎을 먹으면 모든 일이 다 잘될 거라고 말하지만 외할머니도 위암으로 죽었고, 어머니도 위암으로 죽어가고, 나 역시 배를 움켜쥐고 죽게 될 것입니다

약혼자는 건강한 여성이어서 세상모르고 잠을 자고 있겠지요

사랑하는 나의 피앙세, 그녀는 내가 카프카라는 사실을 꿈에도 모르겠지만
그녀와 내가 백발이 되도록 함께 심판받을 수만 있다면 나는 더 이상 바랄 것이 없습니다

내가 그녀의 여덟번째 약혼자라는 사실도, 내가 그녀의 마지막 남자가 될 수 없을 거라는 절망적인 충고도, 그녀를 향한 나의 마음을 되돌리지는 못합니다

오래도록 숨을 참고 있으면, 마음에 작은 구멍이 닫히고
　나는 카프카도 그 어떤 누구도 아닌, 죽어가는 노모와 단둘뿐인
텅 빈 박제에 불과하지만

　삶이 가능할 거라고 믿고 있습니다, 뻔뻔하게도

　어머니의 어머니의 어머니의 배 속에서부터 그녀를 사랑해왔고
　두 번 다시 그녀의 아름다운 목소리를 들을 수 없게 된다면
　나는 무덤 속에서도 경찰에 쫓기는 신세가 될 것입니다
　사슴처럼 뛰어다니는 그녀의 활기찬 육체는 어떻습니까
　가죽을 벗겨서라도 그것을 가지겠습니다

　독자들이여

　이 모든 집착과 거짓을 누가 멈출 수 있겠습니까
　오늘 밤은 그 어느 누구도 욕할 수 없이 나는 밟아도 꿈틀거리고
　끊어져도 꿈틀거리고, 죽어서도 꿈틀거리는 위대한 사내가 되어

　변신을 내가 썼다고 말했습니다
　안개와 어둠뿐인 성 주변을 맴돌며 언제까지라도 심판을 기다리
겠다고……

누가 진실을 알고 있습니까, 때가 되면 모든 안개와 어둠이 걷힐 거라고 어머니는 말하지만

　외할머니도 민들레 잎을 씹으며 죽어갔고, 어머니도 민들레 잎을 씹으며 죽어가고, 나 역시 민들레 잎에 몸서리치며 죽게 될 것입니다

　약혼자는 겁이 많은 여성이어서 내가 보낸 편지를 읽어 내려가며 두려움에 떨고 있겠지요

　참았던 숨을 길게 내쉬면, 마음에 작은 구멍이 열리고

　톱 연주를 듣는 밤은 어둡고 추한 나의 모습이 싫지가 않습니다

스무살의 침대*

Etude Op 25 No 11을 두드릴 때의

빠르고 음탕한 손가락들처럼

우리는 서로의 마음을 오갔다

창밖으로 첫눈이 날리던 그 밤

그것은 좀도둑질에 불과했다

*Alexis Dos Santos의 영화 제목.

티셔츠 속의 젖을 쓰다듬다가

사랑……

나뭇가지에 매달린 낙하산병처럼
이 이상한 단어를 발음하고 나면
입술은 마르고 귀는 먹먹하고
시계는 언제나 다섯 시에 죽어 있는 것이다
사랑…… 그만 센티해져서
다섯 시에 죽은 시계를 확인하고
우리는 초저녁부터 단골 술집에 모여
뜨거운 술과 함께 간장과 식초를 뿌린 연두부를 떠먹으며
취기 오른 얼굴이 점점 흙빛으로 변해갈 때면
어느덧 새벽, 사랑했던 사람들의 얼굴이 하나둘씩 지워지고……

주위엔 뭐가 있나, 공원을 어슬렁거리는 저 털 빠진 개는 닥치는 대로 먹어왔지
 포도 껍질, 연탄재, 새의 깃털, 고무장갑, 비누 거품, 제비집, 부채의 검은 솔, 접시, 타이어…… 이른 시각부터 팔각정에 앉아 게걸스

레 팥죽을 떠먹는 늙은이처럼.

들판의 억센 풀과 장교들의 늠름한 모습
군복무를 마치고 돌아오던 형들의 환한 표정과
새로 산 원피스를 차려입고 마중 나가던 누나들,
등 뒤로 감춰진 떨리는 손엔 작은 선물 꾸러미들
(시계, 담배 케이스, 목걸이, 금도금한 술통―용이 그려진 것)
이도 닦지 않은 아침에 어묵을 먹으며
기차역을 바라보던 어린 시절의 기억들……

우리는 지금 공원 벤치에 쪼그리고 앉아, 마지막 담배를 태우고 있는데
이런 옛 기억들이 갑자기 떠오르면 사람으로서 어떻게 해야 하는 걸까
앞날에 대한 경각, 그러기엔 조금 늙어버렸다
그러면 주위엔 뭐가 있나, 운동복 차림의 두 형제가 배드민턴을 치고 있다
동생은 형을 향해 마음껏 라켓을 휘두르는 자유를 느끼고
동시에 형의 공을 받아내야 하는 구속도 조금 느끼며……
털 빠진 개는 여전히 시큰둥한 표정
저 개를 한번 불러보자, 두 눈을 부릅뜨고

아랫배에 단단히 힘을 준 채
단호한 목소리로 개를 한번 불러보자고
가슴이 시키는 소리를 곱씹으며, 정말로 큰일을 해내는 사람처럼
이리 와, 이리 와봐……

달아나는 늙은 개를 멍하니 바라보는 새벽
세월은 순식간에 지나가버리는데, 이럴 때 사람으로서 어떻게 해야 하는 걸까
노인네가 되면 말이 많아지겠지, 머리칼은 빠지고 허리는 굽고 성미는 점점 괴팍해져서, 시고 질긴 늙은 귤처럼, 지금 당장 그 말을 하라고, 어서 입 밖으로 내뱉으라고, 왜 그 말을 참고만 있느냐고……

먼 산의 진달래는 짓궂게도 잔뜩 피어서
마지막 날에는, 가슴 아픈 꿈을 꾸겠지

목책 속의 더미dummy들

아저씨들은 설교를 하지요, 하나같이, 한번 설교를 시작하면 그칠 줄을 모릅니다, 일단 머릿속에 빨간불이 들어오고 나면 아저씨들은 곧장 설교 기계가 되어버리니까요, 눈과 코와 입, 얼굴의 근육이 떨리고, 턱관절이 덜 덜 덜 돌아가고, 팔 다리 목 척추 심장 폐 소장 대장 할 것 없이 비상벨이 울리면, 기계의 모든 활성 신호가 뇌의 설교 칩으로 이동을 해서 "네가 아직 뭘 몰라서 그러는가 본데……"라는 터무니없는 말로 시작되기 마련이지요, 몸속에 저장된 수분과 지방 탄수화물 단백질 각종 미네랄이 부글부글 타올라 배 속이 역겨운 가스로 가득 찰 때까지 설교는 꼬리에 꼬리를 물고 계속됩니다, 설교를 듣던 어린것들의 마스카라가 번지고 번져서 "전혀요…… 전혀요……" 검은 눈물을 질 질 질 흘릴 때까지, 설교 기계는 미친 듯이, 정말로 완전히 배터리가 나갈 때까지 설교를 하지요, 자신들이 소모한 에너지가 결코 아깝지 않다는 신호가 백 프로 전달될 때까지.

*

나는 당신들을 어른이라고 여긴 적이 없어, 생긴 것도 그렇고……

당나귀와 아내

저녁에는 젊은 시절부터 줄곧 함께 지내온 늙은 당나귀 한 마리를 때려죽였다네. 이유인 즉슨, 그 망할 녀석이 사사건건 내게 시비를 걸어왔기 때문이지. 내 몸은 아직 청년처럼 힘이 넘쳐 십 리를 더 갈라치면, 녀석은 나를 노인네 취급하며 바닥에 주저앉아 꼼짝도 하지 않았고, 내가 새로운 돈벌이를 생각해내면, 나를 세상 물정 모르는 어린애 취급하며 콧방귀를 뀌지 않았겠나.

나는 말일세, 죽은 녀석의 몸을 보기 좋게 토막 내어 부대 자루에 옮겨 담았다네. 미운 정이 깊어 가슴이 짠하기도 했지만 속은 더할 나위 없이 후련했다네. 그날 밤 나는 술을 진탕 마신 뒤 모처럼 홀가분한 마음으로 잠이 들었고, 꿈에서 친구들과 함께 소풍을 가서 먹고 마시고 떠들며 즐거운 시간을 보냈다네. 그리고 이튿날 잠에서 깨어 죽은 당나귀의 토막이 들어 있는 부대 자루를 보니 조금은 미안한 마음이 들기도 하더군, 죄책감 같은 건 없었고.

나는 그동안 미뤄두었던 밭일을 하고 창고를 정리하고 젊은 시절 곁눈질로 배웠던 붓글씨도 쓰며 한가로운 시간을 보냈다네. 그리고 잠자리에 들기 전, 나는 왠지 모르게 따듯한 피냄새가 그리워 부대 자루를 이부자리 곁에 두고 잠을 청하지 않았겠나. 그런데 피냄새는 나지 않고 어디선가 잠을 청하기 좋은 방울 소리가 조용히 들려왔다네.

그날 밤 꿈속에서 나는 거나하게 취해 친구들과 소풍에서 돌아오는 길이었지. 마을이 가까웠을 즈음, 언덕 위에 웬 당나귀 한 마리가 주인도 없이 홀로 서 있질 않겠나.

그때 곁에 있던 친구가 웃으며 말했네.

"이보게 친구, 자네의 당나귀가 마중을 나왔군그래"

친구의 말을 듣고 자세히 올려다보니 내가 기르던 당나귀가 틀림없었고, 나는 화들짝 놀라지 않을 수 없었네. 죽은 녀석이 그곳에 멀쩡히 서 있으니 말일세.

곁에 있던 또 다른 친구가 거들었다네.

"그래도 자네는 복이 많은 사람일세, 안아주고 싶거든 어서 가서 안아주게나"

나는 꿈속에서 이 모든 게 꿈이라는 사실을 이내 알아차렸지만, 언덕 위로 성큼 달려가 당나귀를 안아주고 싶은 마음이 간절했다네. 오랜 세월, 어디를 가든 무슨 일을 하든 언제나 함께였던 그 녀석에게 처음으로 심한 죄책감을 느꼈던 걸세.

나는 복잡한 심경으로 꿈에서 깨어났고, 마음을 진정시키기 위해 한동안 잠자리에 누워 있어야 했네. 그런데 잠들기 전에 들려왔던 방울 소리가 여전히 들려와 고개를 들어보니, 죽은 당나귀가 글쎄 머리맡에 앉아 서러운 듯 눈물을 떨구고 있는 것이 아닌가. 나는 반

가운 마음에 녀석을 불러보려 했으나 입술이 떨어지지 않았다네. 녀석의 등을 쓸어주고 싶었지만 두 팔은 꼼짝도 하지 않았지.

  나는 내가 죽었다는 사실을 깨닫기 위해 이승에서의 마지막 꿈에서 깨어나야 했네. 흰 수염의 장의사가 방으로 들어와 내 목에 감긴 밧줄을 풀었네. 방 한편에는 검은 부대 자루가 하나 놓여 있었는데, 그 속엔 당나귀 대신 늙은 아내의 토막난 시체가 담겨 있었다네. 마당에선 마을 사람들의 웅성거리는 소리가 들려왔고, 여전히 나지막한 방울 소리가 어디선가 들려왔는데, 그 소리는 참으로 다정해서 깊은 잠을 청하기에 더없이 좋은 소리였다네.

자수정

내가 누군가의 딸이었을 때
나에게는 늙은 어머니가 없었다
꽃 장식이 달린 챙이 긴 모자도
브로치도 레이스 양산도
지켜지지 못할 약속도 없었다
나는 나의 작은 다락에서
죽은 여자의 노트를 가졌다
노트에 적힌 글귀를 떠올리며
램프를 들고 텅 빈 복도를 지나
한밤중의 거실을 서성거렸다
내가 젊은 인부들로 가득한 목화밭이었을 때
나에게는 창문이 없었다
그 어떤 세계도 동경하지 않았고
나와 만나기를 두려워했다
어두웠고 정조가 없었다
내가 추위에 갈라지는 창틀이었을 때
창밖에는 젊은 인부들의 목소리도

나무도 새들의 지저귐도 없었고
대낮도 갈증도 없었다
죽은 남자들의 시체가
작은 다락에서 조용히 썩어갈 뿐
내가 마지막 장을 덮는 노트의 주인이었을 때
나는 내가 만든 세계 속에서 피를 흘렸고
그것은 팥빛이었다.

신scene과 함께 여기까지 왔다

옆구리를 채울 온기도 없이 서로의 표범이 엇갈린다

마음의 굶주림 속에서, 마음의 넘침 속에서

서로의 실타래 끝에 매달린 쌍둥이처럼, 살인마처럼

나는 산으로 들로 언덕으로 뛰어다니며
양과 염소들을 흩뜨려놓았네
나의 위대한 신이 그렇게 명령했고
나는 그것을 따랐을 뿐
그러나 이튿날이 되자
그 얄량한 신도 나도
양털을 덮을 수 없어서 추위에 떨어야 했고
염소젖으로 만든 치즈를 먹지 못해서
뱃가죽이 등에 달라붙을 지경이 되었다네

병들어 풀죽은 작은 짐승처럼

태어나서 살며 꿈꾸고 노래하고 끌어안고 신음하다 늙어 죽는다
는 사실이 아름다운가

누이들의 끝없는 다툼 속에서 가난하고 불길한 남자가 되었다

진창에서 태어나 진창으로 사라지는 날까지

무덤 앞을 지날 땐 나뭇가지로 무덤을 들쑤시고
비석에 침을 뱉고 그 위에 올라타

내가 죽었다는 사실을 아무도 모르게
내가 살아 있다는 사실을 아무도 모르게

가정과 생활 밤 동료들 그리고 수많은 장소들로부터
나는 다만 껍데기에 불과했다……
나는 누군가의 목소리를 빌려 말했다
이마 위에 새똥이 떨어지듯
탁자 위의 유리컵을 잠결에 걷어차듯
어느 날 목소리의 주인이 나를 찾았을 때
가정과 생활 밤 동료들과 수많은 장소들 앞에
그 모습을 드러냈을 때

내가 비로소 그곳에 있다고 확신하였을 때
가정과 생활 밤 동료들 그리고 수많은 장소들로부터의 목소리는
'그가 이곳에서 완전히 사라졌다' 였다

나는 누구인가, 나는 사적이지 않다, 라는 사실만이
나에게 스승이고 부모라는 사적인 사실로부터

나는 한때 식품점의 계산원이었고
카센터의 심부름꾼이었으며
접착제를 마시다 쫓겨난 구두 공장의 어린 공원이었다
한 번도, 내 책상이란 걸 가져본 적 없고
(누군가의 책상 위에는 항상 수북한 전표와 기름통
가죽 더미와 한 타래의 멍청해 보이는 구두끈이 놓여 있었지)
글을 쓰며 살겠다는 생각을 해본 적도 없으며
다만 그날그날의 일기처럼
떠오르는 제목 비슷한 것들을 달력에 잡지에 옮겨 적는 일이
나의 유일한 낙이었을 뿐

악보대로
열렬히 드넓은
자유자재의 밤

부인용 장난감

의기양양한 시체

화원의 겁보들

말벌식 표기

볼테르식 안락의자에서

도둑맞은 남색일지

답답한 두 마음

차가워진 옛 동급생

......

사람들의 얼굴과 목소리, 말투와 걸음걸이를 관찰할 때마다

머릿속에서 떠올리고 굴려보는 나의 구슬들

이 구슬들로 뭘 할 수 있을까

내가 늙고 병들어 죽어갈 때

이 구슬들이 나에게 어떤 빛과 색을 보여줄까

그런 생각을 하며 마시는

식어빠진 커피 맛을 나는 좋아했다

활기찬 인생도 있겠지, 아이스하키 선수들처럼

뜨거운 입김을 뿜으며

퍽을 향해 돌진하는 집념의 스틱들

아아아아아아……
격정과 분노 속에서 감동의 팀워크를 보여줄 수도 있을 것이다

우리는 스티브의 부러진 앞이빨을 찾기 위해
두 시간 반 동안 일사불란하게 움직이며
단 한 명의 선수도 경기장을 떠나지 않았습니다

동상이 싫어서 나는 광장에 가지를 않았다
수채를 보면 누이들의 뱀 구멍이 떠올랐고
뱀이 무서워 작은 공으로 구멍을 틀어막는
스포츠에 대해 생각하기도 했다
구부러진 쇠 작대기를 들고 다니며
단체로 짓밟는 잔디에 대해서도 생각했고
공장에서 처음 만난 여자에게 군밤을 사다 주기 위해
밤거리를 초조하게 헤매는 나 자신에 대해 생각하기도 했으며
보고 싶다
죽이고 싶다
어서 보고 싶다
어서 죽이고 싶다, 중얼거릴 때마다
접시 위의 푸딩이 떨리듯
저려오는 불알에 대해 생각하기도 했다

'바다가 모두 마르면 해가 일찍 뜰 텐데……'

나는 초에 불을 붙이고 기도라는 것도 해보았네
나라는 작은 신을 향해
나라는 거대한 신을 향해
기도하고 파기하고 기도하고 파기하며
나의 유일한 순수가 불탈 지경이네
나의 신은 나의 잿더미를 사랑하지
신이 나를 삼켰듯, 배고파…… 하지만
신은 위대할수록 처참한 맛이 나지
잿더미를 무슨 수로 삼킨단 말인가

서로의 실타래 끝에 매달린 쌍둥이처럼, 살인마처럼

마음의 굶주림 속에서, 마음의 넘침 속에서

살며 꿈꾸고 노래하고 끌어안고 신음하다 늙어 죽는다는 사실이
아름다운가

진창에서 태어나 진창으로 사라지는 날까지

내가 좋아한 건 누이들의 이 가는 소리
내가 사랑한 건 누이들의 이 가는 소리

아빠

선생님,
이곳에선 모두 죽었죠
믿어서 죽고
못 믿어서 죽고

아빠 하고 부르면
우선 배가 고프고
아빠 하고 부르면
아빠는 없고
아빠라는 믿음으로
개 돼지를 잡아먹는
먼 나라의 아빠 숭배자들처럼
먹어도 먹어도 먹은 것 같지 않은 아빠를……

선생님,
당신에겐 아빠가 있죠
당신의 아이들에게도 아빠가 있어요

아빠, 좋은 탁자다

그 위에 올라가
타닥 타닥 탭 댄스를 추고
노래를 부르고
당신의 아이들은 먼 나라의 배우들이 그랬던 것처럼
그 위에서 사랑을 나누죠, 아무렇지도 않게
아빠…… 그러한 믿음으로

등이 배기고 아플 텐데,
우리의 아빠는
아빠 하고 부르면
언제나 울상이고
아빠 하고 부르면
누가 먼저 먹어치우지는 않을까,
언제나 걱정이 앞서는……

선생님,
이곳에선 모두 죽였죠
밤새도록 들락거리며
믿어서 죽이고
또 못 믿어서 죽이고.

눈보라* 속을 날아서(상)

1
날 수도 없을 만큼 뚱보가 되어버린 새가 있을까…… 있다면,
그 새의 이름은 아름다운 로제.

나는 비밀 같은 건 없다고 생각한다 적어도 이 세상엔 말이다
그런데도 어른들은 저희들끼리 귓속말을 나누고 입을 다문다

난쟁이는 작은 녀석을 뜻하지만 그것은 몇 개의 숨은 의미를 가지고 있고
다락방, 낚시, 목이 긴 장화, 배지badge, 맞잡은 손, 외투, 구름, 가루란 말들 역시
몇 개의 비밀을 가지고 있다
이것은 세상 사람 누구나 다 아는 이야기

다락 속의 가루 가루 속의 난쟁이 난쟁이의 외투 외투 속의 구름 구름 속의 배지 배지와 낚시 낚시와 목이 긴 장화
사람들은 모두 저마다의 비밀을 한두 개쯤 간직하고 있지만

그것이 음악이 되기 전엔 차가운 동전이거나 혹은 주머니 속의 밀떡

아름다운 로제 언니는 이 세상이 하나의 커다란 개미굴 같은 형태를 하고 있고
온갖 소리들로 들끓고 있다고 말했다 수천 년 전의 나뭇잎을 흔들던 바람 소리부터 지금 이곳 샌디에이고 퍼시픽 비치의 갱들이 지하실에서 속삭이는 소리까지

그러나 음악이 되기 전엔 그저 만지고 싶지 않은 동전이거나 혹은 주머니 속의 끈적거리는 밀떡

냐라키, 오스본, 메기와 부기주니어 우리는, 우리들이 찾는 것은, 우리들이 도망치듯 찾아 헤매는 것은
굴 속의 사람들
굴 속의 노래
음악이 되기 위해 발버둥 치는
아름다운 센텐스 sentence

추억의 푸른 종이 달린 지붕 아래서
눈썹 없는 여자는 울어버렸네
우리의 잘못도 아니고

우리가 저지른 단 한 번의 실수 때문도 아니고

"이 살인마 왜 그랬어 바보 새끼 뛰어내려!"

창문이 부서졌거나 깨졌거나
이마가 뜨겁거나 식었거나
추억의 푸른색 커튼이 흔들리는 창가에서
눈썹 없는 여자는 그만 울어버렸네

"욕조가 밉다, 이런 욕조가 싫다, 이런 식의 욕조가 나를 못 견디게 하지!"

슬픔 속에 있으면서 동정받지 못하는 여자

다락 속의 가루 가루 속의 난쟁이 난쟁이의 외투 외투 속의 구름 구름 속의 배지 배지와 낚시 낚시와 목이 긴 장화

2
냐라키는 처음 만난 아랍 남자들과 소파 위에서 뒹굴고 있었다 파티 내내 오스본이 곁에서 지켜보는 줄도 모르고
그녀는 아랍 난쟁이의 난쟁이를 물고 빨고 다른 두 아랍 난쟁이는

그녀의 털 달린 외투와 구름 속에 힘차게 자신들의 난쟁이를 박아대며, "이게 좋니, 이게 좋아, 죽일 년, 암캐, 부모도 고향도 없는 멍청한 년아, 그렇지, 이게 좋지, 말해봐, 아하? 아하? 지옥이 보여? 지옥이 보이니?" 줄 줄 줄 험한 말들을 쏟아냈다

냐라키는 입 안 가득 난쟁이를 문 채 우물거리며,
"죄송해요, 죄송해요, 어떻게 해드려야 좋아요, 저는 암캐이고, 부모도 고향도 없는데, 제 어린 딸을 데려올까요, 교육을 시킬까요, 당신을 볼게요, 당신이 좋다면 당신의 얼굴을 바라볼게요"
울고 있었다

굴 속의 사람들

부끄럽지도 않니, 뒤죽박죽이 끝난 뒤 오스본이 힐책하듯 묻자, 냐라키는 고개를 떨군 채 오스본이 알아들을 수 없는 소리로 웅얼거리듯 말했다

"……고멘나사이ごめんなさい(미안해) ……시카시しかし(하지만), 시카시……"

굴 속의 노래

슬픔은 언제나 재빠르게 냐라키를 사로잡고
감출 수가 없는 것이어서 냐라키를 지저분하고 추한 사람으로 보이게 했다

로제 언니, 저는 이런 일들을 적어야겠다고 생각했고, 적었습니다
'의지'라는 말이 두렵고 '지금' '이 순간'이라는 말은 더없이 두려운 것이지만
보여주기 위해, 나의 의지를, 나에게도 의지가 있고, 동생 나오코에게 그것을 보여주기 위해, 언니, 의지란 게 무엇일까요
—냐라키

오스본, 메기와 부기주니어 우리는, 우리들이 찾는 것은, 우리들이 도망치듯 찾아 헤매는 것은
음악이 되기 위해 발버둥 치는
아름다운 센텐스

냐라키에게

냐라키야,

나이를 똥구멍으로 먹는 어린애, 냐라키야
불같은 터키 남자는
불이 될 시간에
타오르지 못해서
날마다 신경질을 냈단다

어떻게 해야 할까
어떻게 해야 할까
네발로 기어서라도
단짝을 찾아가야지

—로제 언니가

그날 밤 냐라키는 무작정 뉴욕으로 떠났다 미드나잇 익스프레스를 타고
가을이 지나 겨울이 되어도 돌아오지 않았다

*snowstorm: 코카인 파티, 마약에 취해 황홀한 상태를 뜻하는 속어.

눈보라 속을 날아서(하)

1

우리가 아름다운 로제 언니를 처음 봤을 때,
　그녀는 사창가 골목 한쪽에 서서 취객들이 그 앞을 오갈 때마다 혼잣말처럼 중얼거렸다

　떡cake, 십 달러dollar.

2

　부기주니어는 묻는다 "너의 마음을 내가 이해해도 되겠니?"
　마음이 마음에게 말을 건넨다는 것
　너의 마음을 내가 이해해도 되겠느냐고
　나는 부기주니어의 얼굴을 가만히 들여다본다

　로제 언니는 우리들 앞에 사 등분한 가루를 내놓았다

　부기주니어는 그것을 코로 힘껏 들이마시며 다시 묻는다 "이봐 나오코, 그러니까 내가, 너조차도 어쩌지 못하는 너의 마음을, 그것

을, 내가 조금 나눠 가져도 되겠니?"

마음이 마음에게 재차 묻는다는 것

너조차도 어쩌지 못하는 마음을

내가 조금 나눠 가져도 되겠느냐고

마음이 마음에게 묻고

마음이 마음을 멈칫하게 하고

다가서고

벌리려 하고

하나의 마음이 하나의 마음속으로 들어가

흔들고

나누고

알게 되는 것

나는 코끝에 묻은 가루를 털며 부기주니어의 얼굴을 가만히 들여다본다

그의 얼굴이 참 얇다는 생각이 들자 나뭇잎처럼 벌 벌 벌 떨리는 부기주니어의 얼굴 나는 눈물이 왈칵 쏟아져 나오려는 것을 꾹 참는다 부기주니어, 나의 마음도 너의 마음을 부르고 싶어 아직은 너의 얼굴에 조금씩 눈발이 흩날리지만, 가루가 몸속에 퍼지면, 그때는 순식간에 눈 속에 파묻힐 너의 얼굴, 더 늦기 전에 너의 마음을, 나는 너에게 아무 말이라도 해주고 싶어, 주먹을 움켜쥐고,

"이봐, 부기주니어…… 미안하지만, 나는 불러본 적이 없어, 한 번도 마음속으로 누군가를 찾아본 적이 없다, 널 어떻게 부르지, 너라는 마음을, 지난밤엔 냐라키 언니가 떠났어, 너도 알지, 매일매일 누군가는 떠나, 냐라키, 이제 언니를 어떻게 부를까, 너를 어떻게 부르지, 나는 누구도 부르고 싶지 않아, 냐라키라는 마음을, 그리고 너라는 마음을, 또는 그 전체를…… 그리고 동시에…… 또 그 가운데……"

내가 아주 어렸을 때, 언니 때문에 한자(漢字)라는 것을 처음 알았을 때 그리고 한자를 쓴답시고 종이 위에 삐뚤빼뚤 몇 개의 획을 그렸을 때, 냐라키 언니는 기묘한 표정을 지으며 그것이 '흉(凶)' 자라고 일러주었다, 잊혀지지도 않는다

'부기주니어…… 너를 어떻게 부를까, 너라는 두려움을'

다락 속의 가루 가루 속의 난쟁이 난쟁이의 외투 외투 속의 구름 구름 속의 배지 배지와 낚시 낚시와 목이 긴 장화

오스본, 메기와 부기주니어 우리는, 우리들이 찾는 것은, 우리들이 도망치듯 찾아 헤매는 것은
  음악이 되기 위해 발버둥 치는
  아름다운 센텐스

사람들은 나에게
너는 옷을 참 못 입지 못 입어
말하지만, 옷을 못 입는 게 아니라
어떤 옷도 나에게
어울리지 않는다는 사실을 깨닫는 데
십 년(十年)

그동안 사들인 옷들을 생각하면
mother fucker big black shit

너는 참 어리석구나, 어리석어
사람들은 나에게 말하지만
나는 어리석은 게 아니라
어떠한 가르침도 나에게
도움을 주지 못한다는 사실을 깨닫는 데
십 년

그동안 받은 질책을 생각하면
mother fucker big black shit

3

   로제 언니는 우리들의 손을 잡았다
   우리들도 언니의 둥글고 큰 손을 꼭 쥐었다
   테이블 바닥에 흩어진 가루를 뒤집어쓰고
   우리는 음악에 맞춰 걸었다 아니 아름다운 로제 언니의 작은 다락
이 들썩, 들썩거리며
   눈보라 속을 무겁게 나아갔다

   이것은 열 종류의 안주와 독주……

   어린 메기는 중얼거리며 차갑고 날카로운 바람 속에서
   로제 언니의 몸을 휘감고 있는 색색의 문신을 보았다
   오스본과 나 그리고 부기주니어는 그런 메기의 표정을 살피며
   Bardo Pond, Hannah Marcus, Jessamine, Coco Rosie, Four Tet, Blonde Redhead, Jana Hunter, Sparklehorse, Belle and Sebastian……
   오디오가 눈 속에 파묻혀 먹통이 되지 않도록 주의를 기울였다

   로제 언니는 메기에게 자신의 태생과 성장 배경,
   그리고 지난날의 사랑과 상처에 대해 들려주었고
   메기는 로제 언니가 흘려보내는 소리를 들으며 조금씩 취해갔다

물과 고기 물과 고기⋯⋯ 이것은 열 종류의 안주와 독주⋯⋯

우리는 메기가 그렇게 중얼거리도록 두었다, 로제 언니의 말처럼
세상은 하나의 커다란 개미굴 같은 형태를 하고 있고 굴 속을 이리저리 떠도는 소리들
메기는 시애틀 마이애미 캔자스 혹은 엘에이 어딘가에서
자신의 귓속말을 들어줄 사람을 향해 그렇게 계속해서,

물과 고기 물과 고기⋯⋯ 중얼거린다

우리는 목이 긴 장화를 신고 눈보라 속을 걸었다
그리고 갑자기, 어린 메기의 몸이 딸꾹질하듯 허공으로 튀어 올랐다 아니 로제 언니의 작은 다락이 울컥, 울컥거리며
눈보라 속으로 날아오를 태세였다

우리는 목이 긴 장화를 벗어던지고 와아, 하는 표정을 지었지만
로제 언니는 그렇지가 못했다
메기를 끌어안고 엉엉 울음을 터뜨리는
문신투성이 뚱보, 로제 언니

다락 속의 가루 가루 속의 난쟁이 난쟁이의 외투 외투 속의 구름

구름 속의 배지 배지와 낚시 낚시와 목이 긴 장화

  오스본, 메기와 부기주니어 그리고 떠나간 냐라키 우리는, 우리들이 찾는 것은, 우리들이 도망치듯 찾아 헤매는 것은
  음악이 되기 위해 발버둥 치는
  아름다운 센텐스

  나에게 소원이 하나 있다면
  그것은 한 번만이라도
  생긴 대로 살고 싶은 것
  하지만 그게 안 돼서
  말처럼 쉽지가 않아서
  나는 엉망으로 늙어간다
  내가 어리석다면
  당신이 말하는 것처럼 내가 정말 어리석다면

  아름다운 소녀는 더 아름다워지고
  깊어진 사랑은 영원으로 가야 하는데

  아름다운 소녀는 나빠지고
  사랑은 깊어갈수록 진흙탕

내가 정말 어리석다면
당신이 말하는 것처럼 내가 정말 어리석다면
내가 만든 음악으로
나는 커서 멋지게 날아올라야 할 텐데……

(당신의 목소리는 참 이상하다
당신의 목소리는 자꾸만 나를 머뭇거리게 하지)

믿을 수가 없군 믿을 수가 없어

가난뱅이 창녀, 로제 언니는 결국 우리들의 손을 놓치고 말았다
언니는 가쁜 숨을 몰아쉬며
차갑고 날카로운 눈보라 속으로 멀어져갔다

굴 속의 사람들

"……이봐요, 어떤 말이라도 좋으니 한마디만 해봐, 지난밤, 잠든 당신의 뺨에 입 맞췄을 때, 당신은 잠결에 속삭이듯 말했지, 로제, 로제로구나, 뽀뽀해줄 사람은 너밖에 없지, 그러고는, 달력의 숫자가 하나도 없네…… 그랬잖아, 당신, 왜 그랬어, 무슨 꿈을 꿨길래, 그런 당신의 모습이 어쩐지 너무 가엾어서, 당신이 내게 해준 팔베개를

풀려고 하자, 당신은 나를 와락 끌어안았지…… 대체 무슨 꿈을 꿨길래, 이봐, 어떤 말이라도 좋으니 한마디만 해봐, 우리는 오늘 낚시를 가기로 했는데, 당신이 모든 걸 망칠 셈이군, 왜 그랬어, 바보 자식, 지금 네 얼굴이 어떤지 알아? 넌 곧 죽을 것 같아, 이 약해빠진 검둥이 자식아, 내가 누군 줄 아니? 내가 누군 줄 알아? 너에게 총질을 한 그 자식들을 내가 가만둘 것 같아? 어서 일어나, 지금 당장 그 자식들의 머리통을 내가 벌집으로 만들어줄 테니, 제발, 이 불쌍한 자식아, 사랑을 하면 왜 모든 게 진흙탕이니, 말해봐, 우리 애기, 어딨어, 나쁜 냄새가 나는 우리 애기……'

4
나는 아직도 비밀 같은 건 없다고 생각한다 적어도 이 세상엔 말이다

날 수도 없을 만큼 뚱보가 되어버린 새, 로제
그리고 냐라키

난쟁이는 우선 작은 녀석을 뜻하지만 감춰진 몇 개의 의미를 가지고 있고
다락방, 가루, 가루 속의 난쟁이 난쟁이의 외투 외투 속의 구름 구름 속의 배지 배지와 낚시 낚시와 목이 긴 장화

사람들은 모두 저마다의 비밀을 한두 개쯤 간직하고 있지만
그것이 음악이 되기 전엔 차가운 동전이거나 혹은 주머니 속의 밀떡

오스본, 메기와 부기주니어 그리고 떠나간 냐라키 우리는, 우리들이 찾는 것은, 우리들이 도망치듯 찾아 헤매는 것은
굴 속의 사람들
굴 속의 노래
음악이 되기 위해 발버둥 치는
아름다운 센텐스.

그리고 계속되는 밤

알코홀릭alcoholic, 그것은 연약한 한 존재가 자신을 열정적으로 위로하고 있다는 뜻이다

나빠질 때까지, 더 나빠질 때까지

스스로 대답해야 하는 존재들, 끝없이 질문하는 존재들과도 같이, 지구 바깥에, 허공에 집을 짓는 사람들

그런 시절이 있었지
그때는 나도 너처럼 말수가 적었고
감당할 수 없는 질문엔 얼굴을 붉혔다
험한 말을 늘어놓지도 않았고 가끔 술을 마시기는 했지만
즐기는 편은 아니었어…… 대신 호주머니에 돈이 좀 있을 땐
꿈꾸는 약을 샀지 매일 밤 계속될 것만 같은 아름다운 꿈들
돌이켜보면 조금은 지루하기도 했던 것 같군
아름답다는 건 때로 사람을 맥 빠지게 만드는 어떤 결심
같은 것이기도 하니까

종교를 갖는다는 것, 찬물로 세수를 해라 이 엄마가 죽도록 때려 줄 테다

공허해질 때까지, 더없이 공허해질 때까지

언젠가는 밤새도록 책이란 것도 읽었지
너처럼 책 속에서 오래도록 생각에 잠겼고
형제들에게 버림받은 짐승처럼
종이 속에 묻혀 조금 울기도 했지
그래 손등은 보드라웠고 뺨은 희었다
아! 뺨이 참 희었는데…… 너는 믿지 못하겠지만
그때도 여전히 내가 누구인지 몰랐고
어디를 향해 가고 있는지, 그저 언제나 다그치고 몰아세우는
내가 나의 부모였으니까

웨이트리스waitress, 네가 먹을 음식과 네가 먹다 남긴 음식을 치워 주겠다는 뜻이다

나빠질 수 없을 때까지, 더 이상 나빠질 수 없을 때까지

물고기의 노래

어항 속 물고기는 듣는다
창가에 흐르는 새의 노래와
"안녕하시오 물고기 선생"
새의 인사를

물고기는 답례한다
아가미를 움찔거리며
물 풍선 두 개.

어항 속 물고기는 듣는다
창가에 넘쳐흐르는 새의 노래와
"당신도 노래를 아시오?"
새의 질문을
물고기는 듣는다
"수고하시오 물고기 선생"
새의 작별을

물고기도 답례한다
지느러미를 흔들며
물 풍선 두 개.

헬싱키

어디에서……
나는 이제 오는 것일까
두려움과 예절을
조금 아는 얼굴로

흰 연기를 뿜어내는 숲, 그건 구름
불에 휩싸인 마을과 언덕, 그건 구르는 마차

사람들은 내가 죽었다고 말한다
나는 검은 안경을 쓰고 잠시 누웠을 뿐인데
어둡지만 꿈은 없다
구두를 벗어놓으면 당신이 다녀갈까 봐 겁이 난다

1944년 북유럽 미술계의 중심이었던 할로넨 가문이 정치적인 이유로 하루 아침에 떠돌이 신세가 되었다 당시 'Se-ducere'라는 미술 잡지의 편집장이며 시인이었던 우르호 사아리는 할로넨 가의 막내딸 로시타 할로넨과 정부의 감시를 피해 야반도주하였고 며칠 뒤 두 사람의 시체가 헬싱키 외곽에서 발견되었다

그것은 꽤 오래전의 음악처럼—우리들 짧은 로망
나는, 나의 시선은 눈 덮인 시골 마을로 향하고.
예측하려 한다면, 도무지 예측할 수 없을 것만 같은 저녁
우리는 마을 입구의 작은 식당으로 들어섰지
개미와 나방, 모래, 모래벌레들이 들러붙은 유리창과
창밖으로 내다보이는 공원의 풍경 빙판 나무들,
기념 촬영이라고 씌어진 피켓을 들고
분수대 주위를 서성이는 늙은 사진사—
아마도 그는 내란(內亂) 속에서 청춘을 보냈을 것이고
내란을 기억하는 청춘들은 이제 소일거리나 찾는 늙은이가 되었겠지만
저 늙은 남자 역시, 놓칠세라 청춘의 달콤한 토막을
짐승처럼 물어뜯었으리라

산책 나온 개들이 갑자기 성욕을 느끼듯
주인의 완강한 손아귀에서 벗어나 미친 듯이 제자리를 맴돌듯

당신은 어떤 사랑에 대해 말한다, **사랑의 가치, 진정한 사랑의 가치란 주어진 모든 시간과 열정을 바쳐 서로에게 치유할 수 없는 상**

처를 주고 죽을 때까지 그 상처 속에서 고름 같은 사유를 멈추지 않는 데에 있다, 말하겠어요, 라고……

연인들이여, 지루하다면
사랑 대신 낙서

칼과 유리― 함께, 나의 소원은 운명에 이리저리 끌려 다니는 것

그러나 나는 이제 당신을 들을 수가 없게 되었다
―검은 흙 속에 두 귀를 주어서
당신의 휠체어가 부드럽게 구르는 소리와
당신의 야릇한 말투 목소리―그것은 온통 거부할 수 없는 진실투성이여서…… 창가에 돋아난 여리고 섬세한 잎사귀 같은 손을 흔들며 악랄한 거짓을 말할 때조차도. 그러나 당신 자신은 그러한 사실을 알지 못한 채, 시간이 당신의 그 아름다운 재능을 조금씩 갉아먹고 있다는 사실을 조금도 의식하지 못한 채……

딱딱한 의자에 기대어
나는 아무것도

슬픔은 정면으로 나를 들이받았다

그것은 더 이상 당신을 들을 수 없게 되었다는 절망을,
사실을 넘어서는 것이었다

피, 파도
피, 파도

어둠 속에서 이리저리 밀리는 자갈들……

헬싱키, 밤은 길기도 하지

*

공원의 검은 잔디 아래에는 그 옛날의 언덕이 잠들어 있고
언덕 저편에는 함부로 돌을 쌓은 듯한 할로넨 가의 낡은 별장과
평생 그의 자손들을 불행하게 만들었던 기형적인 무릎뼈

담배를 꺼내 물고,
사라져가는 이 저녁의 당신…… 나는 중얼거린다 '더는 글 따위는
쓰지 말자, 나는 어쩌다 어둠 속을 떠도는 시인 나부랭이가 되었나
밤 고독 밤 유령들뿐이로군'

휴가, 휴가―기나긴 행군

그것은 꽤 오래전의 꿈속처럼―우리들 짧은 로망
나는, 나의 시선은 마을의 눈 덮인 공원으로 향하고.
우리는 낡은 벤치에 나란히 앉아
무덤 밖으로 불거져 나온 팔뚝을 바라보듯,
추위도 더위도 모르는 얼굴로
그 빛을 바래가고 있는 갈색 해바라기들

우리는 그것을 한참동안 바라보았지

시체를 이해한다는 것
시체가 진정으로 원하는 것
이봐요 거기, 괜찮은 거예요?
사람들은 말한다
이봐요 거기, 괜찮은 거예요?

휴가, 휴가―기나긴 행군

쉴 새 없이 쉴 새 없이
두드리는

타이피스트여,

차라리 나는 조용히 죽고 싶다

불쑥 드러나는 양변기의 때와
불쑥 꺼내 든 서랍 속의 검게 타버린 양초와
두려움에 떠는 종이들이여, 무뎌진 나의

사냥개!

확실한 템포를 가지고
어둠 속에서 눈이 내린다
당신의 무릎 위에 구두코에 공원과 벌판에 눈발이 흩날리고
더 이상 당신을 들을 수 없는 나는…… 이곳은 어깨가 빠질 듯하다
어떻게, 믿을 수 없다는 사실만을 믿을 수 있을까
—검은 흙 속에 온 마음을 주어서

담배를 꺼내 물고,
희미해져가는 이 저녁의 당신…… 나는 중얼거린다 '금색 회중시계—
갑자기 쓸 수가 없다 셔터를 내린 가게 앞에서

안달을 하는 어린아이처럼, 뼈를 드러낸 고래처럼 나는 떠오르지가 않는다
　필요한 것들—가게, 가게, 셔터, 셔터, 물, 담배, 대화, 당신, 당신 그리고 당신의 얼굴……'

　그러나 시간은 쓰지 못하게 되어 있다
　절망에 사로잡힌 고무나방처럼

　태엽 속에서 잠자는 나의 연인이여
　돌아서서 말하고 울겠다는 뜻이지

　피, 파도
　피, 파도

　어둠 속에서 이리저리 밀리는 자갈들……

*

　젊은 시절, S. D. 헬트너는 그의 책 『죽음의 머천다이징』에서,
　—내가 스스로 죽음을 택하지 않는 이유는, 달과 태양의 속임수를 너무 일찍 알아버려서

라고 썼다

참 굉장한 다이징이다

그 저녁의 공원에서 우리, 지친 두 백인 남녀는 말했지
"겁내지 마 겁낼 것 없어 우리는 아무도 해치지 않았고 또 우리는 미치지도 않았어" 벤치에 기대어……
"우리는 조금밖에 사랑하지 않았으니까요" 여자는 굳어버린 얼굴로……
"그래요, 우리는 서로를 조금 지나쳤을 뿐이죠" 맞잡은 손을 놓으며……

이야기의 시대는 끝났다

"당신이 만일 나의 머리통과 사랑에 빠질 수 있다면!" 권총을 꺼내 들고……
"내가 만일 당신의 머리통과 사랑에 빠질 수만 있다면!"

리듬의 시대

몰락과 죽음 어두운 소문들

공원의 아이들은 달리고 멈추고 뛰어오르며
너무 비명을 질러댄다

단념뿐이다
단념뿐이라니

한때는 지붕 위에 올라가
사랑하는 여인을 위해
바이올린을 켜기도 했다네
하지만 이제는 못 올라가지
어지러워서.

지붕 위에 몰려와
햇빛 속에서 날개를 터는 비둘기들,
아직도 나의 연인을 기억하지만
나에게는 이제 바이올린이 없다네
아들에게 주어서.

토하고 똥 누고 싶다

진실로…… 우리의, 이 알 수 없는 저녁
눈 덮인 공원에서 우리가 떠올린(떠나보낸) 몇 개의 문장들……

1944년 겨울 할로넨 가의 그림들은 정부로부터 강제 압수당했고 시민들이

보는 가운데 광장에서 불태워졌다 시민들의 야유와 환호가 뒤섞였고 한편에선 정부의 압력을 받은 화랑 주인들과 동료들이 침묵 속에서 할로넨 씨의 임종을 지켜보았다

—그는 말했다 "나는 헬싱키 태생이다, 나의 시간은 죽었다, 부족함이 없어라"

토하고 똥 누고 싶다

유리에 들러붙은 개미와 나방, 모래, 모래벌레들과
창밖으로 펼쳐진 드넓은 공원의 풍경 빙판 나무들
추위와 어둠 속에서 젊음도 늙음도 모르는 채
흔들리는 갈색 해바라기들이여,

오래전의 꿈속에서
나는 묶여 있었다
당신은 울고 있었고 속옷만 간신히 걸친 채
입에는 테이프가 발라져 있었다
나는 너무 슬펐다
당신의 브래지어 끈이 줄 줄 줄
하염없이 흘러내렸으니까

물감을 뒤집어쓴 당신의 부모는 또
절뚝거리며 볼룸 댄스를 추고 있었으니까
나는 너무 슬펐다
오래전의 꿈속에서

기억 속에서 달아나려고 할수록
점점 더 기억의 밑바닥으로 가라앉는 저녁,
당신을 만지며 더러운 생각
당신과 기도하며 더러운 생각
포옹하며 더러운 생각
입 맞추며 더러운 생각
달리며 쓰러지며 더러운 생각!

우르호 사아리는 호주머니 속에서 권총을 꺼내 들었다
운명이, 나는 흐느끼는 소리를 들었다

스케이트 돌려주세요
스케이트 돌려주세요, 제발

공원의 아이들은 달리고 멈추고 뛰어오르며
너무 비명을 질러댄다

단념뿐이다
단념뿐이라니

어둠 속의 설원이 내뿜는 강렬한 흰빛,
그것은 꽤 오래 전의 약속처럼―우리들 짧은 로망
나는, 나의 시선은 그 빛을 따르고
예측하려 한다면,
도무지 예측할 수 없을 것만 같은 이 저녁의 당신…… 당신의 입술이 보인다
'연인들이여, 지루하다면
사랑 대신 낙서

칼과 유리
함께, 나의 소원은 운명에 이리저리 끌려 다니는 것'

공원의 늙은 사진사는 어느새 카메라를 들고
빠르게 셔터를 눌러대고 있다
그 모습은 마치 청춘 같아 보인다
눈 속으로 사라져가는 연인들을 향해
플래시는 계속해서 펑 펑 펑 터지고……

이봐요 거기, 괜찮은 거예요?
사람들은 말한다
이봐요 거기, 괜찮은 거예요?

그러나 시간은 쓰지 못하게 되어 있다
절망에 사로잡힌 고무나방처럼

피, 파도
피, 파도

어둠 속에서 이리저리 밀리는 자갈들……

헬싱키, 밤은 길기도 하지.

회전목마가 돌아간다 Sick Fuck Sick Fuck

엔초 페라리를 타고 터널을 놀라게 하고 싶다 늙은이들이 울어서 짜증이 나겠지

태어나는 것처럼 나쁜 짓은 없다 친밀감 그것은 변장한 악에 불과하다 나는 아가들을 악질이라 부른다

어둠 속에서, 그녀가 서둘러 옷을 벗기 시작했다 그리고 완전히 나체가 되어 침대 위로 쓰러졌다 나는 외투의 단추조차 풀지 않은 채로 그녀의 알몸을 내려다보았고 '잘 자'라고 말했다 잘 자…… 그러자 그녀가 담요를 끌어와 가슴과 아랫도리를 감추며 나와 자기 자신, 두 사람에게 동시에 배반당한 사람처럼 말했다
  '그래, 좋아'

내 거시기에선 언제나 식초 냄새가 난다 나는 그 냄새를 고스란히 느끼며 극장 쪽으로 걸었다 길에서 우연히 초등학교 동창인 반달 얼굴을 만났다 반달 얼굴이 내게 반갑게 인사를 해왔다 나중에 한잔, 을 끝으로 돌아서며 나는 그가 모든 면에서 별 볼일 없을 거라는 확

신이 들었다

　—자네는 만 레이 필름을 본 적이 있나?
　—그렇습니다 선생님
　—그렇다면 자네의 필름은 만 레이를 베낀 거로군
　—그렇습니다 선생님
　—부끄러운 줄 알게
　—그렇습니다 선생님 저는 제 자신에게 부끄러움을 안겨주고 싶었습니다

　—집에 불가사리를 가져오지 말아요
　—왜지?
　—그건 보시다시피 조금도 예쁘지가 않아
　—집에도 예쁜 건 없어

　　대화가 멈추자 대화가 시작되었다 침묵 속에서 회전목마가 돌아간다 sick fuck sick fuck……

　　이집트의 한 남자는 태어날 때부터 못을 먹었다 그는 자신의 아내와 아이들에게도 못을 주었고 그들은 그것을 먹어야 했다 때때로 아내와 아이들이 그것을 삼키지 못하고 뱉어낼 때면 남자는 상심했고

당겨진 끈처럼 분노가 치밀었다

팽팽해진 산책로를 따라 그녀가 울부짖으며 달려 나갔다 나는 제자리에 서서 그녀가 나로부터 멀어지기를 기다렸다 그래, 를 말하면서 계속해서 계속해서

그래 그래 그래 그래 그래……

위로가 필요하다면 위로가 필요한 것이다 동정을 모르는 촌뜨기 푸주한일지라도 그것 말고는 신음뿐이지

그래 그래 그래 그래 그래……

죽은 조랑말 냄새

언덕 위에 엎드려 하루 종일 풀을 뜯고 싶다 부디 한가롭게 끈이 풀린 것처럼 언덕이 슬슬 검은 배를 보여줄때까지

아이들은 갑자기, 의 세계에 살면서 뛰고 달리고 소리친다 그곳에서 아이들을 끄집어내는 순간 그들은 반쯤 죽어버린다

사라지는 것, 그렇군, 웃음은 항상 사라지게 되어 있는 것이다 구멍 밖으로

— 태어나는 건 역시 안 좋은 거야
— 그러니까…… 너는 그게 싫은 거야?

마술이 기다리고 있다

인생의 삼분의 일을 꿈속에서

피가 굳어가지

코딱지처럼

춤추는 언니들, 추는 수밖에

2층 사는 남자가 창문을 부서져라 닫는다, 그것이 잘 만들어졌는지 보려고

여자가 다시 창문을 소리 나게 열어젖힌다, 그것이 잘 만들어졌다는 걸 알았으니까

서로를 밀쳐내지 못해 안달을 하면서도 왜 악착같이 붙어사는 걸까, 더 큰 집으로 이사 가려고

바퀴벌레 시궁쥐 사마귀 뱀 지렁이 이 친구들은 자신들이 얼마나 미움받고 있는지 알기나 할까, 파티에 초대받은 적이 없어서

아줌마 아저씨들은 '야 야 됐어' 그런다, 조금 더 살았다고

그러면 다리에 난간은 뭐 하러 있나 입을 꾹 다물고 죽은 노인네에게 밥상은 왜 차려주나

그런 게 위안이 되지

두리번 두리번거리며, 빵 주세요 빵 먹고 싶습니다 배고픈 개들이 주춤 주춤 늙어가는 저녁

춤추는 언니들, 추는 수밖에

모모

악성 독감에 걸린 모모는 이불을 뒤집어쓰고
나답게 살자, 나답다는 것은 무엇인가, 어쨌거나 나답게 살아야 해
다짐하며 밤새도록 열에 시달린 새벽

바다가 호수가 되고 처녀가 수염을 기르고
토끼가 사자를 쫓는 악몽에서 깨어난 뒤
모모는 자기도 모르게 바보 천치가 되어
나답게 살자는 지난밤의 다짐을 잊고
콜록콜록 죽은 할아버지의 곰방대를 훔쳐
집을 나갔다

모모…… 그는 어디에서 어떤 모습으로 담배를 태우고 있을까
그러나 모모는 그다지 멀지 않은 곳에서
모와 모가 갈가리 찢겨진 이상한 모습을 바라보며
깊은 고민에 빠져있었다

모모는 말했다

모모는 이제 아무런 의미가 없구나,
모와 모는 이제 아무런 의미가 없어……
모모는 찢겨진 채로 12월을 맞았고
성탄절의 밤, 색색의 전구를 매단 트리와
음식 냄새로 가득한 옛집으로
모모는 자기도 모르게, 언젠가 한 번 와본 적이 있는데, 그렇게
바보 천치인 채로 돌아오게 되었다

안녕하십니까, 어르신들
혹시 남은 음식이 있다면, 제게도 좀 나누어 주시겠습니까?
모모의 부모는 기절할 듯한 표정으로 모모를 와락 끌어안으며 울음을 터뜨렸고,
모모의 어린 여동생은 모모에게 다가가 냉랭한 목소리로 말했다
"이 살인마, 왜 그랬어, 바보 새끼, 뛰어내려!"

모모는 따듯한 수프와 훈제 요리를 허겁지겁 입으로 가져가며
있어도 그만 없어도 그만인 모와 모에게
들릴 듯 말 듯한 소리로 속삭였다
'이자들이 나를 어리둥절하게 하는군'
식사를 마친 모모는 누구의 것인지 모를 곰방대에
불을 붙였다 그리고 어떤 식으로든 말이 통할 것 같지 않은

두 늙은이와 어린 계집애에 대한 생각을 잠시 멈추고
자신을 뚫어지게 바라보고 있는 그들을 향해 큰 소리로 말했다
"이보시오! 실은 내가 말이오, 당신들도 어쩌면 눈치챘겠지만 나는 사람의 탈을 쓴, 사납기 그지없는 늑대올시다! 허 허 허, 배불리 먹여줘서 고맙긴 한데 나는 은혜 따위 모르는 들짐승, 이제 슬슬 배은망덕을 좀 보여드릴까?!"

모모의 부모는 근심 어린 얼굴로 모모의 두 손을 꼭 쥐었다
모모의 어린 여동생은 모모를 작은 발로 걷어차며
여전히 연극배우의 대사를 흉내 내는 듯한 말투로 소리쳤다
"너 때문에, 내 인생이 꼬였어!!"

모모는 두 늙은이와 어린 계집애에게 사로잡혀
겨우내 담배를 태우며 지냈다
모모는 어떻게 어떤 식으로 살아가야 할까
밤새도록 고민의 고민을 거듭하던 밤
호수가 바다가 되고 처녀가 수염을 자르고
도망치던 사자가 덥석 토끼를 낚아채는 꿈에서 깨어난 뒤
모모는 문득, 모와 모에 대한 기억을 되찾고
나답게 살자, 나답다는 것은 무엇인가, 어쨌거나 나답게 살아야겠다는

오래전의 다짐을 떠올리고
모모는 더 이상 모와 모가 아닌 모모에게 되새기듯 말했다
모모는 언제나 의미가 없구나,
모모는 언제나 의미가 없어
모와 모가 모모가 된들 달라질 것은 없단 말이지

모모는 어느새 새처럼 가벼운 마음이 되었다
가도 그만 안 가도 그만인 겨울이 가고
이듬해 모모는 아랫마을의 처녀와 결혼식을 올렸다
행복해도 그만 행복하지 않아도 그만이었다

세월은 흘러, 어느덧 모모의 어린 여동생은 어엿한 처녀가 되었고
"왜 그랬어, 바보 새끼, 그럴 거면서!"
언제나 변함없는 말투 그대로였으며
모모의 늙은 부모 또한, 항상 모모의 두 손을 꼭 쥐어주었다.

웨이트리스

언제나 당신들이 옳았다는 것을……

변기에 얼굴을 처박고 나는 생각했다
당신들의 비슷비슷한 외모 태도와 말솜씨
그런 것들은 오랜 시간이 흘러도
당신들의 주문이 옳았다는 것을 확신케 하고
될 수 있으면 나는 이런 식의 이야기들을
유니폼과 에이프런,
검은색과 흰색으로만 적고 싶었다

먹고 토하고 먹고 토하는 일에 대해
스탠드의 불빛이 흰 벽을 스치듯
식기와 찻잔을 나르는 일에 대해
수저를 주워 당신들의 테이블에 되돌려놓는
혼자만의 시간에 대해

변기의 물을 내리고

입술을 씻으며 나는 생각했다
언제나 당신들의 계산이 옳았다는 것을
당신들의 지나간 날들 얼룩진 과거와 현재
그런 것들은 오랜 시간이 흘러도
더 이상 당신들의 감수성이
당신들의 삶을 변화시킬 수 없다는 것을 깨닫게 하고
되도록 나는 이런 식의 이야기들을
메뉴와 빌즈,
검은색 흰색으로만 쓰고 싶었다

속고 속이고 사랑하고 배신하며 죽이고 살리는 일에 대해
낡은 오디오의 음악이 흰 벽을 타고 흐르듯
침묵 속에서 조용히 칼과 포크를 나르는 일에 대해
부서진 컵 조각을 주워 당신들을 안심시키는
혼자만의 시간에 대해

밤이 지나고 아침이 와도
아침이 가고 또 다른 밤이 찾아와도
언제나 되돌아오는 그 시각 그 테이블에서
당신들의 멈추지 않는 식욕이 옳았다는 것을
흰색 블라우스와

검은색 스커트의 주름을 바로잡으며
이 불빛의 도시에서 가장 초라하고 더러운 화장실 밖으로
그 어떤 웨이트리스보다 더 밝고
친절한 얼굴로 걸어 나가는 일에 대해
역시 옳다고 믿는 앞으로의 기나긴 시간들에 대해.

주치의 h

1
떠나기 전, 집 담장을 도끼로 두 번 찍었다
그건 좋은 뜻도 나쁜 뜻도 아니었다

h는 수첩 가득 나의 잘못들을 옮겨 적었고
내가 고통 속에 있을 때면 그는 수첩을 열어 천천히 음미하듯 읽어주었다

나는 누구의 것인지 모를 커다란 입속으로 걸어 들어갔다 깊이 더 깊이

아버지와 어머니 사랑하는 누이가 식사를 하고 있었다 큰 소리로 웃고 떠들며 더 크고 많은 입을 원하기라도 하듯 눈이 있어야 할 자리에 귀에 이마에 온통 입을 달고서
입이 하나뿐인 나는 그만 부끄럽고 창피해서 차라리 입을 지워버리고 싶었다

2

   입 밖으로 걸어 나오면, 아버지는 입이 없는 거나 마찬가지로 조용한 사람이었고 어머니와 누이 역시 그러했지만,
   나는 입의 나라에 한번씩 다녀올 때마다 가족들과 함께하는 침묵의 식탁을 향해
   '제발 그 입 좀 닥쳐요' 소리가 목구멍까지 올라왔다

   집을 떠나기 전 담장을 도끼로 두 번 찍었지만
   정말이지 그건 좋은 뜻도 나쁜 뜻도 아니었다

   버려진 고무 인형 같은 모습의 첫 번째 여자친구는 늘 내 주위를 맴돌았는데
   그때도(도끼질할 때도) 그 애는 멀찌감치 서서 버려진 고무 인형의 입술로 내게 말했었다

   "네가 기르는 오리들의 농담 수준이 겨우 이 정도였니?"

   해가 녹아서 똑 똑 정수리로 떨어지는 기분이었다
   h는 그 애의 오물거리는 입술을 또박또박 수첩에 받아 적었고
   첫 번째 여자친구는 떠났다 세수하고 새 옷 입고 아마도 똑똑한 오리들을 기르는 녀석과 함께였겠지

3

나는 집을 떠나 h와 단둘이 지내고 있다 그는 요즘도 나를 입의 나라로 안내한다

전보다 더 많은 입을 달고 웃고 먹고 소리치는 아버지와 어머니 사랑하는 누이가 둘러앉은 식탁으로

어쩌면 나는 평생 그곳을 들락날락 감았다 떴다, 해야 할지도 모르지만

적어도 더는 담장을 도끼로 내려찍거나 하지 않게 되었으니 얼마나 다행인가

4

이제부터는 연애에 관한 이야기뿐이다

악수하고 돌아서고 악수하고 돌아서는,

슬프지도 즐겁지도 않은 밴조 연주 같은…… 다른 이야기는 없다, 스물아홉

이 시점에서부터는 말이다 부작용의 시간인 것이다

그러나 같이 늙어가는 나의 의사 선생님은 여전히 똑같은 질문으로 나를 맞아주신다

"이보게 황 형. 자네가 기르는 오리들 말인데, 물장구치는 수준이 어느 정도라고 생각하나?"

낡고 더러운 수첩을 뒤적거리며 말이다.

커밍아웃

나의 진짜는 뒤통순가 봐요
당신은 나의 뒤에서 보다 진실해지죠
당신을 더 많이 알고 싶은 나는
얼굴을 맨바닥에 갈아버리고
뒤로 걸을까 봐요

나의 또 다른 진짜는 항문이에요
그러나 당신은 나의 항문이 도무지 혐오스럽고
당신을 더 많이 알고 싶은 나는
입술을 뜯어버리고
아껴줘요, 하며 뻐끔뻐끔 항문으로 말할까 봐요

부끄러워요 저처럼 부끄러운 동물을
호주머니 속에 서랍 깊숙이
당신도 잔뜩 가지고 있지요

부끄러운 게 싫어서 부끄러울 때마다

당신은 엽서를 썼다 지웠다
손목을 끊었다 붙였다

백 년 전에 죽은 할아버지도 됐다가 고모할머니도 됐다가……

부끄러워요? 악수해요

당신의 손은 당신이 찢어버린 첫 페이지 속에 있어요

검은 바지의 밤

호주머니를 잃어서 오늘 밤은 모두 슬프다
광장으로 이어지는 계단은 모두 서른두 개
나는 나의 아름다운 두 귀를 어디에 두었나
유리병 속에 갇힌 말벌의 리듬으로 입 맞추던 시간들을.
오른손이 왼쪽 겨드랑이를 긁는다 애정도 없이
계단 속에 갇힌 시체는 모두 서른두 구
나는 나의 뾰족한 두 눈을 어디에 두었나
호수를 들어 올리던 뿔의 날들이여.
새엄마가 죽어서 오늘 밤은 모두 슬프다
밤의 늙은 여왕은 부드러움을 잃고
호위하던 별들의 목이 떨어진다
검은 바지의 밤이다
폭언이 광장의 나무들을 흔들고
퉤퉤퉤 분수가 검붉은 피를 뱉어내는데
나는 나의 질긴 자궁을 어디에 두었나
광장의 시체들을 깨우며
새엄마를 낳던 시끄러운 밤이여.

꼭 맞는 호주머니를 잃어서
오늘 밤은 모두 슬프다

후지 산으로 간 사람들

사람들은 그것을 모자, 라고 불렀고
다카하시 미츠는 얼마 전에 그 사실을 알았다

늘 한곳으로 몰려다니며 햇빛을 가리지 말라고 서로에게 고함치는 사람들
햇빛 때문에 예민해지는 사람들,

그때도 싸웠고 어제도 싸웠다…… 그다음은 모른다

그날 저녁 미츠가 산에서 내려와 옥수수밭에 숨어들었을 때
농민들의 봉기를 진압하다 도망 온 무사들
재능을 인정받지 못한 삼류 쵸오닝*들 떠돌이 악사 건달패들이
모닥불 주위에 둘러앉아 모자 얘기를 하고 있었다
옥수수밭에 흐르는 달빛은 여느 날처럼 부드럽고 다정했으나
모자에 관한 얘기 그것은 결국 사람들을 슬프고 격하게 만들었다
누구는 울고 누구는 주먹을 휘둘렀다
타오르는 불빛이 그들의 얼굴을 금세 악마로 만들었다.

사람들은 밤이 깊어서야 침묵했고
하나 둘 옥수수밭을 떠났다
각자 커다란 모자를 하나씩 깊게 눌러쓴 채
눈(雪)과 어둠뿐인 후지 산으로 향했다

모자가 바람에 벗겨질 때까지
모자가 바람에 벗겨질 때까지

얼굴을 가린 사람들의 행렬은 멈추지 않았다.

해를 따라 몰려다니며 서로에게 고함치는 사람들
햇빛 때문에 날카로워지는 사람들,

그때도 다퉜고 어제도 다퉜다…… 그다음은 그도 모른다

사람들은 그것을 모자, 라고 불렀고
다카하시 미츠는 그것을 세 개나 쓰고 있었다

*쵸오닝(町人): 작가, 장인 계급.

여장남자 시코쿠

하늘의 뜨거운 꼭짓점이 불을 뿜는 정오

도마뱀은 쓴다
찢고 또 쓴다

(악수하고 싶은데 그댈 만지고 싶은데 내 손은 숲 속에 있어)

양산을 팽개치며 쓰러지는 저 늙은 여인에게도
쇠줄을 끌며 불 속으로 달아나는 개에게도

쓴다 꼬리 잘린 도마뱀은
찢고 또 쓴다

그대가 욕조에 누워 있다면 그 욕조는 분명 눈부시다
그대가 사과를 먹고 있다면 나는 사과를 질투할 것이며
나는 그대의 찬 손에 쥐어진 칼 기꺼이 그대의 심장을 망칠 것이다

열두 살, 그때 이미 나는 남성을 찢고 나온 위대한 여성
미래를 점치기 위해 쥐의 습성을 지닌 또래의 사내아이들에게
날마다 보내던 연애편지들

(다시 꼬리가 자라고 그대의 머리칼을 만질 수 있을 때까지 나는 약속하지 않으련다 진실을 말하려고 할수록 나의 거짓은 점점 더 강렬해지고)

어느 날 누군가 내 필통에 빨간 글씨로 똥이라고 썼던 적이 있다

(쥐들은 왜 가만히 달빛을 거닐지 못하는 걸까)

미래를 잊지 않기 위해 나는 골방의 악취를 견딘다
화장을 하고 지우고 치마를 입고 브래지어를 푸는 사이
조금씩 헛배가 부르고 입덧을 하며

도마뱀은 쓴다
찢고 또 쓴다

포옹을 할 때마다 나의 등 뒤로 무섭게 달아나는 그대의 시선!

그대여 나에게도 자궁이 있다 그게 잘못인가
어찌하여 그대는 아직도 나의 이름을 의심하는가

시코쿠, 시코쿠,

붉은 입술의 도마뱀은 뛴다

장문의 편지를 입에 물고
불 속으로 사라진 개를 따라
쓰러진 저 늙은 여자의 침묵을 타 넘어

뛴다, 도마뱀은

창가의 장미가
검붉은 이빨로 불을 먹는 정오

숲 속의 손은 편지를 받아들고
꼬리는 그것을 읽을 것이다

(그대여 나는 그대에게 마지막으로 한 번 더 강렬한 거짓을 말하
련다)

기다리라, 기다리라!

사성장군협주곡 四星將軍協奏曲

1
나는 선언의 천재
사계절을 저지르며 거듭 태어난 포 스타 four star
침묵과 비명의 일인자인 철문이여
얼음으로 만들어진 찬 변기여
그리고 너 속 검은 의자여
나의 실패담이 그렇게 듣고 싶은가

첫 번째 계절은 H로부터 시작합니다
H는 유에프오를 세 번 본 사내
한 번은 옥상에서 주근깨 여자와 키스할 때
또 한 번은 주근깨 여자를 그리워하며
새로 사귄 갈래머리 여자와 산책할 때
유에프오는 단 한 번 H에게 신호를 보낸 적이 있는데
(쓰르륵 쓰르륵 하루치의 목숨을 대패질하는 귀뚜라미 소리)
삼 년 전 갈래머리 여자가 죽었을 때였습니다

H는 울지 않았습니다

산에 들에 진달래 개나리 피거나 말거나
봄을 선언하고 나는 봄 속에 갇혔습니다

죽은 지 한 달이 지난 고양이 같은 하늘빛
빈 벤치에 앉아 올려다보는 붉은 지붕의 뾰족함

2
뜨거운 세상이 소년을 달구었는지
소년이 세상을 뜨겁게 달구려 했던 건지 어쨌든
세상을 조금 알 것만 같던, 솜털 수염이 막 나기 시작하는
한 소년이 야구를 합니다
소년의 아버지의 머리통이 담장을 넘어가고
소년은 배트를 던지며 퍼스트 베이스를 향해 달려갑니다
땀이 비 오듯 쏟아집니다 이리저리 둘러보지만
그러나 퍼스트 베이스는 어디에

나는 두 번째 죄의 계절을 맞았습니다
더 이상 태어나기 싫어 집 밖으로 나가지 않았지만
(주근깨 여자는 어디로 간 걸까 지난밤 태내의 쌍둥이처럼 친밀

했던)

나는 사방에서 자꾸만 태어났습니다

내부가 훤히 들여다보이는, 차창의 불빛 환한 밤 기차처럼
이렇듯 나는 너무 빤하고 선언은 늘 부끄러운 것입니다
그러나 나는 선언의 천재
모든 것을 선언한 뒤 알 수 없는 사람이 되고 말겠습니다

……결국 빛이 빛을 찾아 헤매는 슬픈 시간입니다

주근깨 여자의 행방을 물으며 H에게 피 묻은 야구공을 선물하던 밤
술에 취한 H는 머리 뒤에 깍지를 끼고
거만한 말투로 내게 말했습니다

아직도 오늘 밤이군.

……결국 빛이 빛을 모른 체하는 슬픈 시간입니다

소년은 여전히 퍼스트 베이스를 찾아 달려가고
몇 개의 담장을 넘고 넘어 늙은 남자의 머리통이
보건소 쓰레기통에 처박히자,

소년의 어머니는 달리는 소년의 뒤통수를 향해 소리칩니다

빠울 빠울

나는 노래를 잊었습니다 댄스를 잊고 비행기
접는 법 잊었습니다 팔 걷지 않습니다 뜀뛰지 않습니다
그러나 땀이 비 오듯 쏟아지는 잠들 수 없는 시간

3
H의 종교는 유에프오나 다름없습니다
H는 자신을 데려갈 원통형의 광선을 기다립니다

테이블 위에 놓여진 H의 찡그린 손
금방이라도 울음을 터뜨릴 것 같은 H의 머리칼
아— 아— 그 순간 아름다운 목소리가 존재했다면
H의 낡은 외투는 곧장 흐느끼고 말았을 것입니다
여기는 잡탕찌개야 온갖 것들이 끓는군
지구의 한쪽 그리고 도시 한구석의 허름한 술집
H의 말대로 온갖 것들이 끓는 잡탕찌개
나는 그 온갖 것들이
부글거리는, 마지막으로 한 번 더 끓고 싶은

가랑잎 범벅으로 보였습니다

삼 년째 암울한 H 누가 그를 나무랄 수 있겠습니까
사 년째 암울한 자가?

가을! 나는 가을 속에서 살았습니다

그리고 어느 가을비 오던 밤
추적추적 소년은 H를 찾아 갔습니다
이부자리를 펴기 위해 그가 장롱 문을 열었을 때,
어둠 속에 웅크리고 있던 소년이
빗물 뚝뚝 흐르는 젖은 손으로
H의 멱살을 쥐고 울부짖었습니다
우리 아버지 살려내, 이 빌어먹을 자식아!

H를 찾아가기 전날 밤,
소년은 나에게도 왔습니다
그리고 들뜬 목소리로 말했습니다
당신은 선언의 천재 나는 빠울의 천재
곧장 담장을 넘기는 것만이 나의 꿈
홈런을 치고 제자리에 있으면 아웃인가요

……결국 빛이 빛을 찾아 헤매는 슬픈 시간입니다

죽은 지 한 달이 지난 고양이 같은 하늘빛
빈 벤치에 앉아 올려다보는 붉은 지붕의 뾰족함

4
그녀의 이름은 으나입니다
으나는 인사의 천재
달에게 인사합니다 안녕하세요 으나예요
별에게도 인사합니다 안녕하세요 으나랍니다
오줌을 누면서도 잠을 자면서도
으나는 인사합니다 안녕 으나야
까마귀에게도 안녕
속옷을 벗기는 사내 녀석들에게도 으나예요
따귀를 갈기는 아주머니에게도 안녕 안녕
으나는 인사의 천재
사랑하는 나의 누이 동생입니다

그리고 어느 날, 갑자기,
갈래머리 으나는 H의 집 근처 하수처리장에서 숨진 채 발견됩니다

H는 울지 않았습니다

(쓰르륵 쓰르륵 하루치의 목숨을 대패질하는 귀뚜라미 소리)

H는 유에프오가 보내오는 신호에 가만히 귀 기울이고 있었습니다

……결국 빛이 빛을 외면하는 슬픈 시간입니다

나는 앨범을 들고 지하실로 내려가
소년과 함께 찍었던 사진들을 모두 불태웠습니다

그리고 겨울이 막 시작될 즈음 H가 보내온 엽서,

오랜만이군 나는 잘 지내고 있고 자네가 상상도 할 수 없는 아주 먼 곳에 와 있다네 이곳에서 우연히 소년을 만났네 소년은 나의 멱살을 잡지도 비에 젖어 있지도 않았네 우리는 모든 것을 잊기로 했지 그리고 으나도 만났네 으나는 여전히 밝은 얼굴로 인사하더군 내가 혹시 자네에게 얘기한 적이 있던가 불안해 보일 정도로 조심스러워 보이는 여자에 관한 얘기 나는 그런 여자를 만나면 금세 불길한 생각이 든다네 아주 조심스러워 보이는 여자는 헤어지기 전에 꼭 한 번쯤 크게 소음을 내거든 단단히 감춰진 마음의 소란스러움은 그러나 재킷 호주머니 속의 동전으로 와르르 쏟아지든지 계단에서 발을 헛디뎌 놀랄 만큼 커다란 비명으로 터져 나오든지 말일세 으나는 소음을 내는 대신 인사를 하는 거라네 안녕 안녕하세요 으나 으나예요 눈에 보이는 모든 것들을 향해. 나는 으나

를 불쌍히 여긴 적이 단 한 번도 없네 손을 그릴 때 꼭 다섯 손가락을 모두 그려야 할 필요는 없겠지 나는 자네 때문에 새끼손가락이 싫네 자네를 영영 용서하지 못하더라도 그런 나를 용서하길 바라네

ps.
그런데 혹시 자넨, '노 워먼 노 크라이'* 라는 말을 해석해본 적이 있나 나는 이렇게 해석한다네 '여자가 없으니 울지도 못하겠네' 잘 있게나 친구 아직도 오늘 밤이군

으나는 인사의 천재
사랑하는 나의 누이동생입니다
나는 H의 엽서를 찢었습니다
창밖으로 소년의 머리통이 날아갑니다
담장을 넘어 곧장—

5
이제 연주는 끝났습니다
나는 선언의 천재
사계절을 저지르며 거듭 태어난 포 스타
침묵과 비명의 일인자인 철문이여
얼음으로 만들어진 찬 변기여

그리고 너 속 검은 의자여
연주는 이미 끝이 났습니다
이 겨울의 철문을 나서며 날두부를 먹으리라
그러나 덜컥 나는 다시 태어날 것입니다 다섯 번째 계절
더 큰 죄를 짓기 위해……

죽은 지 한 달이 지난 고양이 같은 하늘빛
빈 벤치에 앉아 올려다보는 붉은 지붕의 아찔함.

*밥 말리의 노래 제목.

왕은 죽어가다*

그러나 나의 악기는 아직도 어둡고 격렬하다

그대들은 그걸 모른다, 라는 말밖에 할 수가 없구나

그때 그대들을 나무랐던 만큼 그대들은 또 나를 다그치고
나는 휘파람을 불며 가까스로 슬픈 노래의 유혹을 이겨내고 있는데

오늘 밤도 그대들은 나에게 할 말이 너무 많고
우리는 함께 그걸 나눠 갖기는 틀렸구나, 라는 말밖에 할 수가 없구나

불의 악기며 어둠으로부터의 신앙(信仰)……
그렇다, 나는 혼돈의 음악을 연주하는 대담한 공주를 두었나니
고리타분한 백성들이여,
기절하라! 단 몇 초만이라도

내가 뭐, 라는 말밖에 나는 할 수가 없구나

저기 붉은빛이 방문하고 푸른빛이 주저앉는다,
라는 암시밖에는 할 수가 없구나.

*이오네스코의 희곡 제목.

*에로틱파피어린*빌리지의 겨울

태양 남자 애인 하나 없이 46억 년 동안 하루도 빼놓지 않고 지구를 비췄다 왜, 무엇 때문에, 무슨 영화(榮華)를 누리겠다고. 여름, 일년에 한 번 나 자신을 강렬하게 책망했다

늙은 나무들 과수원 바닥에 사과 배 대추 감, 열매들이 떨어질 땐 너희들이 먹어도 좋다는 게 아니고 우리들이 또 한 번 포기했다는 뜻이다, 가을

미스터 정키 어떤 계절은 남녀를 가리지 않을 정도로 뜨겁고 또 어떤 계절은 순식간에 싸늘해져서 남자도 여자도 그 어느 누구도 사랑할 수 없을 정도로 뿌리부터 차가워지지

힙합 소년 j 친구들은 늘 우정이 어쩌구 선후배가 어쩌구 떠들어대지만 스윗 숍sweet shop 앞을 지날 때면 부모 형제도 몰라봅니다 친구들은 커서 달콤한 가게의 펌프pimp가 되겠죠
　나는 다릅니다 나는 생각이 있어요 붓질을 잘하면 도배사 하지만 글을 배워서 서기(書記)가 되지는 않을 거예요

이소룡 청년 차력사인 아버지의 쉴 새 없는 잔소리에 머리가 늘 깨질 듯이 아팠다 쌍절곤 휘두를 힘도 없다 가끔 정키 씨를 불러 리밍*을 시켰다

저팔계 여자 벽을 따라 게처럼 걸었죠 귀에는 이어폰을 꽂고 볼륨을 높였지만, 녀석들의 킬킬거리는 소리가 땅 파는 기계처럼 내 몸을 흔들었죠……
그러나 더는 울지 않는 여자, 거리의 펌프들에게 심한 모욕을 당한 뒤 방문을 걸어 잠그고 날마다 순돈육 소시지를 먹었다

그리고 겨울 날개를 가진 짐승들은 모두 남부 해안으로 떠나고 이제 비유 없이는 한 발짝도 전진할 수 없는 계절

깊은 밤이었고 눈이 내렸다
스윗 숍에서부터 시작된 불길은 *에로틱파퀴어린*빌리지 전체로 번져나갔다

늙은 나무들은 포기를 모르고 맹렬히 타올랐다
힙합 소년 j는 달콤한 가게의 구석방에서 창녀들과 뒤엉킨 채 숯불구이가 되었고
이소룡 청년은 차력사인 아버지를 때려눕히고 아비요! 교성을 지

르며

　늙은 남자의 항문에 쌍절곤을 쑤셔 박았다
　죽음도 삶도 아닌 세계, 붉은 해초들이 피어오르는 환각 속에서
　미스터 정키는 끝없이 헤엄쳐 나갔고
　태양 남자, 언덕 위에 누워 46억 년 만의 휴식처럼
　*에로틱파피어린*빌리지의 겨울을 내려다보았다

　누가 만든 불일까, 잘 탄다

　저팔계 여자는 순돈육 자지를 달고 불 속을 걸었다

*항문 주위를 핥는 것.

메리제인 요코하마

메리제인.
우리는 요코하마에 가본 적 없지
누구보다 요코하마를 잘 알기 때문에

메리제인. 가슴은 어딨니

우리는 뱃속에서부터 블루스를 배웠고
누구보다 빨리 블루스를 익혔지
요코하마의 거지들처럼.
다른 사람들 다른 산책로

메리제인. 너는 걸었지

한 번도 가본 적 없는 도시,
항구의 불빛이 너의 머리색을
다르게 바꾸어놓을 때까지

우리는 어느 해보다 자주 웃었고
누구보다 불행에 관한 한 열성적이었다고

메리제인. 말했지

빨고 만지고 핥아도
우리를 기억하는 건 우리겠니?

슬픔이 지나간 얼굴로
다른 사람들 다른 산책로

메리제인. 요코하마

부드럽고 딱딱한 토슈즈

나 아끼코는 그렇게 하는 것이 나쁘다, 라고 생각하지만
그것은 나빠요 싫은 행동이에요, 라고 말하는 순간
나 아끼코가 더 나쁜 사람이 되고 마는 건 왜일까
그렇다고 침묵을 하면 뭔가 달라질까
그래도 역시 나쁜 사람이 되고 만다

나 아끼코를 초(超) 비참하게 만들지 않는 한
앞으로는 그렇게 하는 것이 꼭 그렇게 나쁘지만은 않다,
라고 타협을 할까 한다

저녁에는 극단(劇團)의 언니 오빠들과 함께 장어 멍게 해삼을 먹었다
그것들의 공통점은 물에서 산다는 것이지만
그것들이 얼마나 서로를 이해하고 존중하는지는 모르겠다
서로 얼마나 궁합이 잘 맞는 음식인지도
나 아끼코는 모르겠다

자선작

장어 한 번 멍게 한 번 그리고 해삼…… 이렇게 순서대로 먹었다 계속해서

뭔가 석연치 않으면서도 나 아끼코는 한껏 온아한 표정으로 건배를 하고 뉴스를 보며 오물오물 수다를 떨었다

아끼코 상! 아끼코 상! 그렇게 하는 것이 나쁘다고 말하는 사람은 아무도 없었다

다들 그렇게 하는 것이다
다들 그렇게 한다는 것은 그것이 머리의 차가움을 유지하는 데 도움을 주기 때문이 아닐까

비옷을 입은 기자는
장마 통에 집이 무너져 사람들이 깔려 죽었다고 전한다
나 아끼코에게 집이라는 건 빗소리를 듣기에 참 좋은 장소인데……
비 때문에 집이 무너지고 사람들이 깔려 죽었다는 보도는
언제 들어도 즐거움과 초재미를 준다.

수상작가가 쓴 연보

시, 미래에 대한 불안으로부터

1970년 허허벌판이었던, 서울시 노원구 하계동에서 태어났다. 고향인 강원도에서 무일푼으로 상경하셨던 아버지와 나보다 먼저 세상에 나온 누나들이 나를 신기한 듯 쳐다보고 있었겠지.

1981년 이사를 자주 다녔다. 새로운 이웃들을 많이 만났다. 중학생 형들과 함께 동시상영관에서 영화라는 것을 처음 보았다. 작은 극장은 사람들로 발 디딜 틈 없었고 우리는 스크린 앞에 신문지를 깔고 앉아 〈애마부인〉과 〈헬 나이트〉를 이어서 보았다. 에로와 호러는 잘 어울렸다.

1983년 중학교에 입학. 학교와 영화관을 오가던 시절. 새로운 영화가 들어오면 수업을 빼먹고도 갔고 시험기간에도 갔다. 친구들과도 갔고 혼자서도 갔다. 중학교 3학년 가을, 함께 영화를 보러 다니던 친구와 처음으로 가출을 했고 멀고 먼 고등학교에 배정받다.

1986년 김포공항 근처의 고등학교에 입학. 새벽 5시에 일어나 스쿨버스를 타기 위해 미아리로 가야 했고, 스쿨버스를 놓치는 날엔 사창가를 배회하다 점심시간이 되어서야 등교. 음악다방과 클럽을 드나들다. 고등학교 1학년 가을, 수학여행을 다녀온 후 자퇴.

1988년 고등학교를 중퇴한 친구들과 어울려 다니다. 미래에 대한 막연한 불안 속에서 일기를 쓰기 시작했다. 문장연습의 시작.

1990년 검정고시 학원에 등록. 운 좋게도 6개월 만에 전 과목 합격을 하고 홀로 제주도 여행. 목포에서 배를 타고 12시간 가까이 이동하던 중, 혼자 여행 온 친구들을 만났다. 모두가 그달에 장거리 여행을 떠나게 되어 있는 양자리 태생들.

1995년 여러 직업을 전전하며 평생 할 수 있는 일에 대해 진지하게 고민하던 시기. 그동안 꾸준히 써오던 일기들은 어느새 일기의 형식이 아닌 시와 소설의 형식으로 바뀌어 있었다.

1997년 서울예대 문예창작과에 응시. 낙방하고, 원광대학교 문예창작과에 입학. 원광문학회에서 활동하며 문학회 선배들에게 많은 도움을 받다. 1학년을 마치고 서울예대 문예창작과에 재응시.

1998년 서울예대 문예창작과에 입학. 개강 첫날, 시창작실습 시간에 뵈었던, 카리스마 넘치는 김혜순 선생님의 모습을 지금도 잊을 수 없다.

1999년 휴학.

2000년 복학해서 시 스터디 '말이화나'를 결성하다. 열 명 남짓 되는 친구들과 어울려 다니며 시에 사로잡혀 지내던 시절. 예대문학상을 받았다.

2001년 추계예대 문예창작과에 편입. 홍대 근처의 고시원과 부모님 집을 오가며 신춘문예와 잡지에 투고. 본심에서 줄줄이 떨어지다. 말이화나 후배 이윤이와 그의 친구들과 밴드를 만들어 합주실에 모여 놀다. 이후에 그들은 '트위들덤'이라는 밴드를 정식으로 결성했고 '탐구생활'이라는 앨범을 냈다.

2003년   추계예대 졸업 즈음에 계간《포에지》에 당선. 그러나 잡지가 폐간되면서 등단이 취소되다. 곧이어 계간《파라21》가을호로 등단. 명지대학교 문예창작 대학원 석사과정에 입학하다. 그동안 써놓았던 시집 한 권 분량의 시들을 여러 잡지에 연이어 발표.

2005년   첫 시집 『여장남자 시코쿠』를 내다. 나의 의지와는 상관없이, 미래파가 되어 있었다. 집에 틀어박혀 사운드를 만들며 놀다.

2007년   두 번째 시집 『트랙과 들판의 별』을 내다. 한동안 동경과 암스테르담에 체류. 반 고흐 미술관에 들렀으나 몇 점 안 되는, 그의 유명하지 않은 작품들이 걸려 있었다. 나중에 안 사실이지만, 당시 서울시립미술관에서 반 고흐전을 하고 있었다. 그러나 몇 점 안 되는 그의 작품들 앞에서 전율했던 기억.

2008년   성기완, 한유주, 김남윤과 프로젝트 밴드 '더춉(The CHOP)'을 결성하다. 부산과 홍대에서 공연.

2009년   이창동 감독의 영화 〈시〉에 카메오로 출연하다.

2010년   박인환 문학상을 수상하다. 망막색소변성증으로 시각장애 2급 판정받다.

2012년 큰 누나의 죽음. 건강 악화로 병원과 부모님 집을 오가며 세 번째 시집 원고를 탈고하다. 첫 번째 시집 『여장남자 시코쿠』가 문학과지성사에서 복간되다.

2013년 세 번째 시집 『육체쇼와 전집』을 내다.

수상작가 인터뷰

계속할 것인가 중단할 것인가

송승환
시인·문학평론가

송승환 프란츠 카프카의 '고독의 3부작'. 『소송』, 『성』, 『실종자』의 주인공은 모두 갑작스러운 사건과 함께 등장하고 그 사건을 해결하지 못한 채 실패를 거듭한다. 『소송』의 은행원 K는 원인도 모른 채 소송에 휘말려서 자신의 무죄를 증명하려고 애쓰지만 실패한다. 『성』의 측량사 K는 성(城)을 눈앞에 두고 성의 아랫마을 사람들에게 끌려다니다가 성에 도달하지 못한다. 고국에서 추방된 『실종자』의 K는 자본의 법칙 속에서 소외된 노동을 팔고 미국을 떠돌지만 미국에 정착하지 못한다. 현실 세계에서 K의 곁에는 아무도 없고 각각의 K는 모두 고독한 실존을 살아야 한다. K의 서사는 모두 실패의 서사이면서 동시에 그 끝이 완결되지 않은 미완의 서사다.

내가 황병승의 미당문학상 수상 소식을 들었을 때 프란츠 카프카의 고독의 3부작이 떠오른 것은 무슨 이유였을까. 그것은 프란츠 카프카의 고독의 3부작의 서사가 내 문학의 동료이자 친구인 황병승의 메타포로 다시 읽혔기 때문일까. 2003년 어느 날, 한 통의 전화와 함께 들려온 당선 소식은 누군가 그를 갑자기 시인이라고 호명하고 시(詩)의 소송에 휘말리게 한다. 시인의 삶이 구체적으로 어떤 것인지 모르고 단지 시가 좋아서 시를 썼는데, 그는 시가 무엇이며 시를 어떻게 써야 할 것인지를 증명해야 했다. 그것은 불가능하며 실패가 예견되어 있었다. 그때는 그도 그것을 '체험으로' 몰랐다. 누군가 시를 통해 현실적 삶의 욕망을 성취하는 동안 그는 다만, '시'에 도달하기 위해 시를 썼고 시에 가장 근접한 시인임을 보여주었다. 시집 『여장남자 시코쿠』(랜덤하우스코리아, 2005), 『트랙과 들판의 별』(문학과지성사, 2007), 그리고 세 번째 시집 『육체쇼와 전집』(문학과지성사, 2013)이 바로 그것이다. 그리하여 오직 시만 쓰는 삶을 지속하는 동안 그는 시도 삶도 사랑도 실패했다. 그것은 21세기 한국에서 예술가로서의 시인의 지위를 보여준 것이어서 아프게 아름답다. 그가 여전히 안개에 가려진 시의 성채만을 가늠하고 바라보면서 우울과 상처의 나날 속에 있을 때 미당문학상 수상 소식이 전달되었다. 무엇보다 그 누구도 아닌 '황병승'의 미당문학상 수상을 축하한다. 수상 소감을 듣고 싶다.

<u>황병승</u> 폭염 속에서 물을 만난 기분이었다. 물을 먹었고, 조금 가라앉았다. 그리고 다시 물 위에 올라와 폭염 속에서 물을 바라보고 있다. 묘한 감정이다.

<u>송승환</u> 20세기의 프랑스 시인들이 말라르메가 예언한 바 있는 「시의 위기」에 대처했던 것과 비슷하게 21세기의 한국의 젊은 시인들은 어떤 일률적이고 집단적인 경향을 통해서가 아니라, 자기 나름의 독자적인 감수성에 의해서 시를 쓰기 시작했다. 2000년대 젊은 시인들은 모두 서로 다른 시를 쓰고 있는 동료 시인들에게 감사하면서 '따로 또 같이' 시를 쓰는 2000년대를 '행복한 시대'라고 서로 느꼈다. 그리하여 황병승의 수상 소식은 황병승과 함께 문학 활동을 나눈 2000년대 젊은 시인들에게 큰 기쁨을 주었다. 2003년 등단부터 지금까지 문학적 동료들과 함께 보낸 감회와 동료들에게

하고 싶은 말을 듣고 싶다.

황병승 따로 또 같이, 행복한 시대, 라는 말에 동감한다. 다들 개성 넘치는 시를 쓰는 시인들이고, 서로 자극을 주고받으며 함께 써나갈 수 있었다는 건 행운이라고 생각한다. 다만 미래파 논쟁이 시작되면서 미래파와 관계없는, 그러나 좋은 시를 쓰는 동료 시인들이 제대로 평가받지 못했고, 그 점이 내내 아쉽다.

송승환 2003년 등단 이후 지금까지 시를 쓰고 세 권의 시집을 출간하면서 가장 염두에 둔 것은 무엇인가?

황병승 시집을 출간할 때마다 한계를 느낀다. 이 한계를 어떻게 극복하고 갱신해나갈 것인가, 시의 영토를 어떻게 확장하고 확보해나갈 것인가, 에 대해 늘 고민한다.

송승환 지난 5월, 세 번째 시집 『육체쇼와 전집』을 출간했다. 세 번째 시집을 출간한 소감은 첫 시집 『여장남자 시코쿠』와 두 번째 시집 『트랙과 들판의 별』을 출간했을 때의 소감과 어떻게 다른가?

황병승 《창작과 비평》 2013년 가을호 인터뷰에서도 얘기했지만, 세 번째 시집을 준비하는 동안 개인적으로 힘든 시간을 보냈고, 힘들게 썼던 시들이 대부분이어서 시집의 표지를 바라보는 것만으로도 마음이 무거워진다. 그에 비해 첫 시집은 에너지를 모두 쏟아부은 시집이어서 미련도 후회도 없었다. 두 번째 시집은 첫 시집에 무수히 등장하는 개인적인 상징들과 시적 장치들을 덜어내고 즐기면서 썼던 시들이 주를 이루고 있어서 시집이 나왔을 때, 시가 좋고 나쁘고를 떠나서 나름대로 만족스러웠던 시집이다.

송승환 이번 황병승의 세 번째 시집 『육체쇼와 전집』은 무엇보다 실패의 글쓰기와 실패한 삶의 기록을 끝까지 보여준다. 첫 시집 『여장남자 시코쿠』와 두 번째 시집 『트랙과 들판의 별』을 거친 세 번째 시집 『육체쇼와 전집』은 다양한 주체들을 통해 발언하던 전작들과 달리 무엇보다 적극적인 1인칭의 고백이 두드러진다. 그 고백은 첫 시집과 두 번째 시집에서 찾아볼 수 없었던 변화의 지점인데, 그것은 여전한 황병승의 언어 리듬과 서사의 긴장을 유지하면서 끝까지 실패하는 시인의 삶과 시의 알레고리로 구현된다. 이와 같은 변화의 계기는 무엇인가?

황병승 3인칭 화자로만 시를 쓰는 데 싫증이 나기도 했고, 좀더 내밀한 자기 고백을 하고 싶기도 했다. 생활과 시 쓰기에 대한 회의와 반성 속에서 나, 라는 1인칭에 대해 좀더 밀착해서 써나가고 싶었다.

송승환 이번 미당문학상 수상작 「내일은 프로」는 세 번째 시집 『육체쇼와 전집』의 특성과 추구하는 바를 암시하는 것 같다. 다른 작품에서도 그렇지만 「내일은 프로」는 파편적인 사건의 연쇄이면서 동시에 매우 음악적인 구조를 갖고 있다. 이런 시 쓰기의 방법에 영향을 준 작가의 작품이나 다른 장르의 작품은 무엇인가?

황병승 파편적인 구성과 음악적 구조는 언더그라운드 영화와 포스트록의 요소들을 활용한 결과이다. 특정 작가의 작품보다는 여러 다양한 작품들로부터 복합적으로 영향을 받았다.

송승환 수상작「내일은 프로」는 2003년 등단 이후 시인이 10여 년 동안 무엇을 시도하고 어떻게 실패했는지를 보여주는 실패의 실제 기록이자 시인의 자화상이다.「내일은 프로」는 고딕체의 서사와 명조체의 진술로 구성되어 있다. 파편적으로 흩어진 고딕체의 소제목들을 하나의 문장으로 만들면 다음과 같다. "침묵하거나 침묵하지 않으면서" "이렇게 '영원'이 되고 말겠지" "세탁기하곤 말이 안 통하니까" "차와 간식이 없는 세상에서" "그러나 나는 아무것도 두렵지 않다" "쿵쾅 쿵쾅 쿵쾅 쿵쾅" "앞으로의 인생은 둘째 치고" "벙어리는 침묵과 절름발이는 목발과"라는 소제목들은 시인으로서 직면한 시와 삶의 파국 속에서도 끝까지 시를 포기하지 않겠다는 시인의 윤리를 드러낸다. 파편적인 문장은 시인으로서 시를 쓰거나 쓰지 않으면서 맞이한 고독과 죽음 앞에서 삶의 파국을 체감하지만 아무것도 두렵지 않다는 시인의 육성이 내포된 알레고리다. 이와 같은 시적 구성은 어디서 모티프를 얻었고 어떻게 서사를 구축했는가?

황병승 생활도 글쓰기도 실패할 수밖에 없는 상황 속에서, 실패의 반복 속에서 결국 끝까지 포기할 수 없는 것은 글쓰기에 대한 욕망이다. 그것은 선택의 여지가 없는 압도적인 욕망이다. 바닥을 치는 생활 속에서 내가 간신히 해나갈 수 있었던 유일한 일은 한 줄이든 두 줄이든 써나가는 것이었고, 그렇게 써두었던 메모들을 실패라는 냄비에 넣고 끓인 결과이다.

송승환 앞서 언급한 프란츠 카프카도 좋아하는 것으로 알고 있다. 프란츠 카프카의 작품 중에서 좋아하는 작품은 무엇이며 그 작품을 좋아하는 이유는 무엇인가?

황병승 카프카의 몽환적인 글을 읽고 있으면 기분 좋은 미열 상태가 되고 기시감에 사로잡힌다. 『성』을 비롯한 다른 작품들도 좋아하지만, 카프카 하면 먼저 떠오르는 것은 『변신』이다. 카프카의 존재를 모르던 시절에 『변신』과 유사한 단편 소설을 썼던 적이 있다. 그러다 우연히 카프카의 『변신』을 읽고 적잖은 충격을 받았던 경험이 있다.

송승환 프란츠 카프카는 낮에는 일하고 밤에는 글 쓰는 삶을 살았다. 시인은 주로 언제 어디서 시를 쓰는가? 시 쓰는 일 외에 하고 싶은 일이 있는가?

황병승 오래도록 전업 시인에 가까운 생활을 해왔고, 밤낮이 수시로 바뀌는 생활 리듬 속에서 시간 구분 없이 그때그때 떠오를 때마다 쓴다. 한동안 고시원에 틀어박혀 썼던 적도 있고 또 한동안은 피시방에서 헤드폰을 쓴 채로 쓰기도 했다. 쓰는 일 외에 하고 싶었던 일은 음악과 영화였다. 그러나 지금은 시 쓰는 일만으로도 힘에 부친다.

송승환 프란츠 카프카와 더불어 토마스 베른하르트도 좋아하는 것으로 알고 있다. 토마스 베른하르트는 뷔히너상 수상 연설문 「그리고 결코 아무것도 끝내지 못하리라」에서 "우리는 자신이 어떤 연극을 보여주고 있다고 말합니다. 밑도 끝도 없이 계속되는 그런 연극 말입니다. 우리는 무엇이든 할 수 있을 것처럼 이 연극에 덤벼들지만 결국 아무 역할도 해내지 못합니다. 우리가 생각할 수 있게 된 이후로 연극의 흐름은 더 빨라졌고, 그리하여 중요한 대사를 제

대로 읊어보지도 못한 채 놓쳐버리고 맙니다. 이 연극은 우선 전적으로 육체의 연극입니다."라고 말한 바 있다. 이는 황병승의 시집 『육체쇼와 전집』과 잘 어울린다고 생각한다. 토마스 베른하르트의 작품에서 좋아하는 작품은 무엇이며 그 작품을 좋아하는 이유는 무엇인가?

황병승 그의 연설문에서도 느낄 수 있듯이 냉소와 자조가 베른하르트의 매력이라고 생각한다. 그의 작품을 많이 읽은 건 아니지만, 베른하르트 특유의 씁쓸한 유머를 좋아한다. 단편집 『모자』도 좋고, 『소멸』은 심심할 때마다 아무 데나 펼쳐서 읽는다. 아무 데나 펼쳐 읽어도 베른하르트적인 것을 느낄 수 있다.

송승환 계속해서 토마스 베른하르트는 "문제는 언제나, 그리고 결코 아무것도 끝내지 못하리라는 생각 속에서 작품을 끝내야 하는 것입니다. 계속할 것인가, 즉 야멸치게 계속해나갈 것인가 아니면 중단할 것인가, 아니면 종결지을 것인가 하는 문제입니다. 의혹과 불신, 초조함이 문제입니다."라고 말한다. 그렇다면 황병승은 한 편의 시를 보통 어느 지점에서 완결 짓는가?

황병승 의혹과 불신, 초조함이 문제인 건 사실이다. 하지만 계속해서 써나가는 고통보다 중단과 종결을 서둘렀을 때의 자괴감이 언제나 더 고통스럽다. 나 역시 시를 써나가는 과정의 고통과 초조에서 벗어나고 싶고, 그러기 위해서는 스스로 만족할 수 있는 지점까지 야멸차게 밀어붙이는 방법밖에는 없다고 생각한다.

<u>송승환</u> 그렇다면 황병승은 어느 지점에서 시를 계속할 수 있는 가능성을 확인하고 시를 쓰기 시작하는가?

<u>황병승</u> 불가능하다고 여겨지는 지점이 시작점이다. 나를 끊임없이 자극하고 글쓰기의 원동력이 되는 것은 불가능을 어떻게 가능하게 할 것인가, 라는 질문으로부터 시작된다.

<u>송승환</u> 그렇다면 시를 믿는가? 시를 믿을 수 있는가? 고쳐 묻겠다. 분리할 수 없는 삶과 언어 중에서 꼭 하나만 선택하라면 어떤 것을 선택하겠는가? 그것을 선택한 이유는 무엇인가?

<u>황병승</u> 언어를 선택할 것이다. 언어가 없는 삶은 나에게 아무런 의미가 없다.

<u>송승환</u> 두 번째 시집 『트랙과 들판의 별』은 음악 밴드 '벨 앤 세바스찬Belle & Sebastian'의 동명의 곡명 제목이기도 하다. 두 번째 시집을 준비하던 시기에 많이 듣던 음악은 무엇이었고 세 번째 시집을 준비하던 시기에 많이 듣던 음악은 무엇인가?

<u>황병승</u> 『트랙과 들판의 별』은 벨 앤 세바스찬의 〈The Stars Of Track And Field〉라는 곡의 제목을 직역한 것이고, 의역하면 '육상 경기의 스타들'이다. 두 번째 시집을 준비할 때는 시부야계 음악부터 세계의 민속음악까지 다양한 장르의 음악을 들었다. 하루에 네다섯 장의 앨범들을 거의 매일 들었던 것으로 기억한다. 세 번째 시집을 준비할 때는 차분하고 쉽고 편안한 음악들을 주로 들었다.

<u>송승환</u> 20대에 주로 듣던 음악은 무엇이고 최근에 듣는 음악은 무

엇인가? 그 음악 취향의 변화는 시를 쓸 때 어떤 영향을 주었는가?

황병승 실험적이고 중독성이 강한 음악에서 차분하고 편안한 음악으로 바뀌었고, 취향의 변화에 따라 시적 뉘앙스에 직간접적으로 영향을 주었다.

송승환 시집 『육체쇼와 전집』에 수록된 시 「Cul de Sac」은 로만 폴란스키가 제작한 동명의 영화 〈Cul de Sac〉(1966)과 다른 상황에 있지만 '자루 밑바닥'을 뜻하는 프랑스어 "Cul de Sac"이 의미하는 바와 같이 결국은 비슷한 궁지에 몰린다는 점에서 현재 시인이 처한 실존적 상황과 그의 시가 직면한 곤궁에 대한 알레고리를 보여준다. 그 알레고리는 고딕체의 파편적 문장으로 서술되는 서사와 명조체의 고백적 진술이 교차하면서 구현되는데, 고딕체 문장의 서사는 반복과 변주를 통해 객관적 사건의 음악적 환기 효과를 낳고 명조체 문장의 진술은 주체의 고백을 주체의 내부뿐만 아니라 주체의 바깥인 독자에게까지 질문으로 확장시킴으로써 어설픈 감정의 과잉과 직설의 함정을 간단히 넘어서게 하고 주체의 고백을 깊이 있는 성찰의 목소리로 심화시키는 효과를 낳는다. 이것은 시집 『육체쇼와 전집』에서 두드러지는 형식과 내용의 특질로서 전작들보다 일관된 주체의 목소리와 171페이지에 이르는 시집의 통일성을 부여해주는 역할을 한다. 로만 폴란스키의 영화 〈Cul de Sac〉과 시 「Cul de Sac」은 어떤 관계가 있는가?

황병승 궁지라는 공통의 주제는 있지만, 구성적으로는 아무 관계가 없다.

로만 폴란스키의 영화들을 모두 보았고, 그의 영화들을 좋아하지만, 그의 영화, 〈Cul de Sac〉은 이상하게 잘 기억나지 않는다. 하루에 두세 편의 영화를 보고 인상에 남는 영화들만을 기억한다. 시 「Cul de Sac」에서 궁지에 몰린 상황과 주체의 고백은 오히려 일본의 시인이고 감독인, 소노 시온의 영화들과 더 가깝다.

송승환 장 뤽 고다르의 영화도 좋아하는 것으로 알고 있다. 고다르를 비롯한 어떤 영화의 어떤 장면들을 좋아하는가?

황병승 고다르의 연출과 구성은 완벽에 가깝다. 그가 천재라는 의견에 망설임 없이 동의하고, 어떤 특정한 장면을 얘기하기에는 훌륭한 장면들이 너무 많다. 다양한 장르의 영화들을 두서없이 보는 편이고 좋아하는 특정 영화나 장면들을 얘기하기는 힘들 것 같다. 실험적이고 독창적인 영화들을 좋아한다.

송승환 영화의 장면들을 어떻게 응용해서 시에서 활용하는가?

황병승 영화의 인상적인 장면과 에피소드, 대사를 변형 확장하거나 떠오르는 이미지를 중심으로 시적 서사를 구축해나간다.

송승환 미술사에서 특별히 좋아하는 사조는 무엇인가? 그 이유는 무엇인가?

황병승 특별히 좋아하는 사조는 없다. 그러나 굳이 꼽자면, 상상력을 자극하는 초현실주의를 들 수 있겠다.

송승환 르네 마그리트의 그림을 특별히 좋아한다고 알고 있다. 르네 마그리트의 작품 중에서 특히 어떤 작품들을 좋아하는가? 그 이유는 무엇인가?

황병승 그의 모든 작품들을 좋아한다. 그의 그림들을 보고 있으면 에피소드와 대사가 떠오르고 등장인물과 사건의 결말이 자연스럽게 떠오른다.

송승환 지금까지 답변한 소설과 영화, 음악과 미술 작품들은 황병승의 시의 무의식적 배경이 되고 있다고 보인다. 그것들은 황병승의 시에서 서사와 이미지를 성공적으로 구축하는 데 큰 기여를 하고 있다. 그중에서도 황병승의 시는 굉장히 서사적이면서 그 서사를 어느 지점에서 시적인 것으로 전환시킨다. 그것이 황병승의 시의 극단(極端)의 고유성을 창조한다. 특별히 파편적 서사에 관심 있는 이유는 무엇인가?

황병승 영화도 음악도 전형적인 구성을 좋아하지 않는다. 예측할 수 없는, 콜라주적인 구성을 좋아한다. 돌발적인 괴리감, 은 시의 중요한 한 요소라고 생각한다.

송승환 파편적 서사는 이질적인 것들이 모여서 새로운 세계의 서사를 꿈꾸는 것에 다름 아니다. 폴 베를렌이 「시학 Art Poétique」의 마지막 시구에서 "그대의 시가 훌륭한 모험이 될 수 있기를/세찬 아침의 바람 속을 떠돌다/박하와 백리향을 꽃피우고 사라지는……/그 찌꺼기가 문학이란 것이니"라고 당대의 엄격한 규칙과 규범적인 문학을 경멸하면서 그 '모험'에 주목한 것처럼 황병승의 파편적 서사는 그 '모험'의 실험성과 주변 문화로 새로운 세계의 시적 서사를 창조했다. 규범적인 문학과 주류 문화에 대한 황병승의 의견을 듣고 싶다.

황병승 규범적인 문학과 주류 문화는 대중들에게 익숙한 기쁨을 준다. 그러나 모든 훌륭한 예술은 익숙함으로부터 벗어나기 위한 필사적인 노력의 결과이다. 새롭고 파격적인 것은 낯설고 불편한 것이 아니라 끊임없는 실험과 시도의 결과이다. 다양성을 수용할 수 있는 성숙한 태도와 비주류 문화에 대한 관심과 지원이 제도적으로 필요하다.

송승환 "저는 생각이 없어요 전집이 없습니다 누구의 자식인지 모를 골방의 아이들은/뒤죽박죽 서로를 배신하기로 협약을 맺었고/어두워진 창가를 서성이는 검은 육체의 그림자와/누구의 부모인지 모를 백 년 전의 시선이 엇갈리고 있습니다"(「육체쇼와 전집」)는 마음의 눈길이 오래 머물게 한다. "악착같이 꿈꾸면서 악착같이 전진하면 악착같은 현실"(「육체쇼와 전집」)이 기다리는 현재의 나는, 이름도 없고 생각도 없고 보여줄 육체도 없고 전집도 없다. 그러나 나는 있다. 나는 "검은 육체의 그림자"로 있다. 나는 그 모든 '없음'의 형식, 즉 '무(無)'로 있다. 무(無)는 시인이 삶을 희생하고 실패하면서까지 도달한 실재이다. 무(無)의 제전에서 시인은 시적 순간을 체험할 때마다 죽었다가 다시 태어나는 경험을 하고 세계를 최초로 바라보는 시선을 얻는다. 이른바 '실패의 성자', 황병승 시인에게 '없음', 즉 무(無)와 죽음이란 무엇인가?

황병승 반복되는 일상이다. 죽은 것도 산 것도 아닌, 오로지 고통스런 시선만이 존재하는 상황 속에서 '없음'과 '죽음'을 오래오래 핥는 기분으로 써나간 시이다. 시의 화자는 자신의 병든 육체를 마치 타인의 것처럼 바라보며, 고통스런 시선조차도 사라질 완전한 '없음'의 임박을 기다린다. 반복되는 일상의 순간과 기다림을 오래도록 음미하며.

송승환 시는 정직하다. 시를 쓰기 위해 시에 자신의 모든 것을 내맡기는 사람에게 시는 자신의 옆얼굴을 '순간' 보여준다. 시를 쓰려고 전력을 다하기보다 시인으로서의 지복을 먼저 누리려는 무의식조차 시는 외면한다. 적어도 내가 아는 황병승은 시의 옆얼굴을 한 번도 놓치지 않고 계속 응시한 시인이다. 그리하여 삶의 판돈을 모두 잃은 시'만'을 위한 시인이 되었다. 그것이 나는 기쁘고 슬프다. 시에 가까스로 성공한 듯싶었을 때 시는 이미 실패했고 그 시에 전력을 다한 삶은 더욱 실패했다는 것을 깨닫게 하기 때문이다. 시와 삶, 시와 일상의 균형 또는 편향의 문제가 여전히 남아 있다. 이제 어떻게 무엇을 할 것인가?

황병승 어떻게, 무엇을 할 것인가에 대한 생각을 할 수 없는 상태다. 나는 시와 삶, 삶과 시라는 아슬아슬한 줄타기 속에서 최소한의 상태를 유지하며 살고 써나갈 것이다.

송승환 패배와 실패는 다르다. 패배는 오직 승자와 패자만이 있는 싸움에서 이기지 못한 것을 뜻하고 싸움에 져서 도주하는 패주와도 같은 말이다. 이와 달리 실패는 일을 잘못해서 뜻한 대로 이루지 못하거나 일을 그르친 것을 뜻한다. 패배의 반대어는 승리인데 실패의 반대어는 성공이다. 시는 싸움에서 오직 승자와 패자만 있는 글쓰기가 아니고 승자가 되기 위한 글쓰기도 아니다. 시는 시인이 언어를 통해 삶과 세계의 사태를 포착하고 '지금-여기'의 삶과 세계를 형상화하고 성찰함으로써 '지금-여기'의 결핍과 난관과 고통을 극복할 수 있는 '미지-거기'의 세계와 다른 삶의 가능성을 모색하는 글쓰기이다. 그러나 언어는 실재의 삶과 세계와는 자의적 관계이고 그 실재의 삶과 세계를 완벽하게 재현할 수 없다는 한계를 지닌다. 시는 실재가 부재하는 언어로 '지금-여기'의 삶과 세계를 완벽하게 그려냄과 동시에 '미지-거기'의 세계와 다른 삶의 가능성을 탐색해야 하는데, 그것은 그 자체로 실패가 예견되어 있고 완전한 삶과 미(美)의 이상은 실패할 수밖에 없다. 시는 실패의 글쓰기이고 실패담의 기록이다. 황병승은 실패의 전위다. 나는 가혹하지만 그가 더욱 실패하면서 시에 가장 가까이 항상 머물러 있기를 희망한다. 마지막으로 "괜찬타, …… 괜찬타, …… 괜찬타, …… 괜찬타, …… "(「내리는 눈발속에서는」)는 미당의 시구를 황병승에게 건네고 싶다. 이번 미당문학상 수상을 거듭 축하한다.

제13회
미당문학상

최종후보작

강성은	환상의 빛 외 5편
김행숙	인간의 시간 외 5편
이민하	감은 눈 외 5편
이수명	나무에 올라갔는데 외 5편
이원	우리는 지구에서 고독하다 외 5편
이현승	벼룩시장 외 5편
차주일	골목 외 5편
최정례	인터뷰 외 5편

강성은

환상의 빛

기일

단지 조금 이상한

어떤 나라

환상의 빛

구빈원

슬픔은 망각되지 않을 때 영원한 것이 된다. 기억을 버리려는 제의(祭儀)가 우리에게 때로 필요한 것은 영원한 슬픔이라는 비극에서 벗어나야만 살 수 있기 때문이다. 강성은의 시는 슬픔의 시간성을 영원의 지평으로 옮기면서 기억을 지우는, 혹은 지워야 하는 마음의 작업을 되풀이하는 역설 가운데 있다. 단지 조금 이상한, 단지 조금 아름다운, 그러나 결코 사라지지 않는 슬픔이 기억의 망각을 무용한 것으로 만들고, 잊고 싶은 상처, 보고 싶지 않은 삶의 부조리, 비참한 생의 난국을 희미하면서도 투명한 아이러니의 세계로 만든다. 부조리는 대개 기지에 찬 풍자와 조롱의 형식을 띤다. 하지만 연원도 물을 필요 없는 슬픔의 보편적 감정을 일깨우면서 서정적 부조리의 세계를, 부조리 자체가 아름다움으로 화하는 장면을 강성은의 시는 보여준다. 슬픔 속에 내재된 기억의 흔적이 망각의 수행에도 불구하고 영영 살아남아 있는 탓에, 시의 풍경은 비현실적인 환상에 감싸여 환한 빛을 띤다. 그의 시에서 어둠이 어둠 자체로 밝아진다고 느껴지는 것은 지나간 것들, 잊으려 했으나 잊히지 않는 것들의 쓸쓸함이 그 속에서 되살아나기 때문이다. 지금 그의 시는 시가 생성할 수 있는 아름다움을 새롭게 개척해가는 현재진행형의 가능성이다.

— 강계숙·문학평론가

환상의 빛

옛날 영화를 보다가
옛날 음악을 듣다가
나는 옛날 사람이 되어버렸구나 생각했다

지금의 나보다 젊은 나이에 죽은 아버지를 떠올리고는
너무 멀리 와버렸구나 생각했다

명백한 것은 너무나 명백해서
비현실적으로 느껴진다

몇 세기 전의 사람을 사랑하고
몇 세기 전의 장면을 그리워하며
단 한 번의 여름을 보냈다 보냈을 뿐인데

내게서 일어난 적 없는 일들이
조용히 우거지고 있는 것을
보지 못한다

눈 속에 빛이 가득해서
다른 것을 보지 못했다

기일 忌日

버려야 할 물건이 많다
집 앞은 이미 버려진 물건들로 가득하다

죽은 사람의 물건을 버리고 나면 보낼 수 있다
죽지 않았으면 죽었다고 생각하면 된다
나를 내다 버리고 오는 사람의 마음도 이해할 것만 같다

한밤중 누군가 버리고 갔다
한밤중 누군가 다시 쓰레기 더미를 뒤지고 있다

창밖 가로등 아래
밤새 부스럭거리는 소리

단지 조금 이상한

아직 이름이 없고 증상도 없는
어떤 생각에 빠져 있을 땐 멈춰 있다가
정신을 차리고 보면 다시 생동하는 세계와 같은

단지 조금 이상한 병처럼
단지 조금 이상한 잠처럼

마음속에서 발생하는 계절처럼
슬픔도 없이 사라지는

위에서 아래로 읽는 시절을 지나
오른편에서 왼편으로 읽는 시절을 지나
이제는 어느 쪽으로 읽어도 무관해진
노학자의 안경알처럼 맑아진

일요일의 낮잠처럼
단지 조금 고요한
단지 조금 이상한

어떤 나라

어떤 나라에서는
청바지를 입는 것이 금지되었고
청바지 밀수입업자가 교수형을 당했다
그러나 집집마다 옷장 속 깊숙이 청바지는 패물처럼 숨겨져 있고

어떤 나라에서는
부모가 늙으면 산에 버리러 가야 했는데
빵 부스러기를 떨어뜨리며 아들은 새처럼 울었다
그러나 산에서 내려오는 순간 자신의 몸에 밴 늙은이 냄새

어떤 나라에서는
음악을 연주하는 것이 금지되었는데
피아니스트는 타이피스트가
드러머는 대장장이가
가수는 약장수가 되었다
음악이 사라지지는 않았다

어떤 나라에서는

어디가 영토의 시작인지 끝인지 몰라 지도를 그릴 수가 없었다
하루는 요람처럼 작아졌다가
하루는 관처럼 거대해졌다가
하루는 사라지기도 했다

어떤 나라에서는
죽는 것이 금지되었다
그러나 꿈꾸는 것과
오래 잠을 자는 것은 허용되었다

어떤 나라에서는
아무도 살지 않는데
날마다 조종(弔鐘)이 울렸다

환상의 빛

　나는 운전 중이었다 한적한 산길이었고 차는 천천히 달리고 있었다 열린 창으로 아카시아 숲이 불어오고 있었다 해체된 밴드의 음악이 흘러나왔다 문득 나는 어디로 가고 있는지 기억나지 않고 그러나 이 길은 너무나 익숙해서 생각 없이 노래를 따라 부르는 오후였고 해가 기울어가고 있었고 집에서 멀어지고 있고 옆 좌석에 누군가 잠들어 있었다 모르는 사람이었다 차를 세우려고 했는데 어떻게 해야 하는지 몰랐다 운전하는 것을 배운 적이 없다 면허증도 없는 내가 왜 핸들을 잡고 있는 것일까 모르는 사람은 아무것도 모른 채 곤하게 잠들어 있다 차는 우리를 싣고 보이지 않는 어둠 속을 달리고 있다 집으로 가고 있다 관목 숲에서 밤하늘로 푸른 박쥐들이 날아오르기 시작한다

구빈원

아이들이 버려진다
노인들도 버려진다
청년들도 버려졌다
중년들도 버려졌다
개들도 새들도 물고기도
실은 모두가 버려지고 있다
너무 먼 곳에 버려져 잊었을 뿐이다
이 행성이 우주의 거대한 쓰레기장이라는 걸
우리는 모른다
기억하지 못한다
버린 자들이 가끔 떠올리는
악몽이라는 이름의 푸른 별을

김행숙

인간의 시간

연못의 관능

아, 서사극

옥도정기 찾기

도시가스공사의 메아리

두 개의 바퀴

주지하듯이 미래파의 기원에 해당하는 시인이다. 미래파 시를 결정짓는 키워드를 몇 개씩 한꺼번에 거느리면서 등장한 시인. 새로운 미성년 화자의 목소리, 기체(유령)적인 상상력 등으로 요약할 수 있는 김행숙의 선구적인 시적 성취는 그대로 우리 현대시의 살아 있는 역사가 되어가고 있다. 김행숙론으로 데뷔하는 평론가들의 숫자가 이미 그것을 증명하고 있으며, 그녀의 시는 여전히 탐구 대상이자 연구 대상으로 우리 눈앞에서 진화와 갱신을 거듭하고 있다. 올해도 김행숙의 시는 깊어지면서 질문하는 작업을 계속하고 있다. 그것은 김행숙에서 비롯되어 폭발의 파장을 키워온 한국 현대시의 최전선이 맞닥뜨려야 하는 질문이기도 하다. 어쭙잖은 답변이나 전망보다 그녀의 시에 먼저 눈길을 돌리는 이들이 아직도 많을 것이다.

— 김언 · 시인

인간의 시간

우리를 밟으면 사랑에 빠지리
물결처럼

우리는 깊고
부서지기 쉬운

시간은 언제나 한가운데처럼

연못의 관능

연못가에 쪼그리고 앉아 있으면 세계의 차원이 바뀌는 순간이 온다. 친구여, 식물세계에서 약을 찾는, 제약회사에 다니는, 밤잠이 줄어드는, 점점 줄어들어서 언젠가 없어지는 순간이 올 거라고 말하는.

인간은 정원을 만들고, 연못을 파고, 두 개의 삶 중에서 하나는 숨기고, 하나는 수면에 젖는 종이배 같은.

무역회사에 다니다가, 보험회사에 다니다가, 집에서 노는 친구여, 연못가에 쪼그리고 앉으면 눈빛이 몽롱해지는 친구여, 우리는 제한적이다, 저 잉어가 그리는 삶의 둘레처럼. 그러므로 비밀이 필요한 우리는 서로의 혀를 깨문다.

연못을 한 바퀴 돌고, 다시 한 바퀴를 천천히 거니는 동안, 연못이 변했거나, 내가 달라졌거나, 보이던 게 안 보이고, 안 보이던 게 보인다. 이를테면 수면에 뽀글거리는 저 기포들, 구멍들. 누구, 누구의 입술이 밤새 끓고 있는가?

아, 서사극

여행용 트렁크를 끌고 나가면서, "우리는 끝"이라고 말합니다.

죽을 때, "나는 끝"이라고 말하고 숨을 안 쉬면 좀 우스울 것 같습니다.

그래도 웃으면, 안 되는 상황이 있다는 것이 인생의 어두운 면 같습니다.

그래서, 불을 켜지 않았습니다.

그럴수록, 불을 환하게 켜야 한다고 생각할 수도 있습니다.

세계와 인생은 다른 건데, 세계관과 인생관은 비슷한 말 같습니다.

학원에서 한 달 배운 외국어로 말하는 것 같습니다, 그래도 너는 두 달간 열심히 배웠습니다.

두 사람, 무슨 관계야?

지하조직의 감수성은 감수성의 지하조직에서 나온다, 안 나온다, 그건 또 무슨 관계야?

땅을 죽도록 파봐라, 물이 나오나? 돈이 나오나? 붉은 도끼가 나오나? 나올 수도······.

까만 점 같은 파리는 새끼손톱보다 작은데, 날아다니는 맹점 같은 파리 소리는 엄지손톱보다 큽니다.

이래서야, 잠을 잘 수 있겠습니까.

괴로운 이유, 알고 싶을 때가 있고 알고 싶지 않을 때가 있습니다.

모든 게 나 때문이라면, "나는 끝"이라고 탄식하자마자 관객들은 행복의 비명을 질러댈 겁니다.

똑같은 상황에서, 웃는 사람과 우는 사람이 있고 돈을 왕창 버는 사람과 돈을 몽땅 잃는 사람이 있고 이도 저도 아닌 사람이 있습니다.

내가 웃는 게 웃는 게 아니고 우는 게 우는 게 아닙니다, 그럼 뭡니까?

똑같은 음식을 먹었는데, 입에서 나는 음식 냄새는 달랐습니다.

어젯밤 꿈에서도 이렇게 똑같이 추궁했지만, 똑같은 상황이란 현실에 존재하지 않는다고 생각할 수도 있습니다.

그래서, "우리는 끝"이라고 생각할 수 있습니다.

그래서, "우리는 시작"이라고 생각할 수도 있습니다.

반대로 말하고 같은 말이라고 생각하는 것은 말과 생각이 다르기 때문, 말의 논리와 생각의 논리가 다르기 때문.

그래도 이유 같은 것, 미로 같아서 찾을 수 없습니다.

그래도 이유는 있어, 일단 이렇게 이야기를 시작하면 이유는 인생보다 길어집니다.

이야기만 하다가, 늙어요.

모순이 폭발하면서, 이야기의 씨앗은 사방으로 퍼집니다.

이젠 늙고 지쳐서, 숨이 끊어지려고 하는데 이야기는 어디에서도 끊어지려고 하지 않습니다.

옥도정기 찾기

이 상처에는 서사적인 고통이 있는 것 같고,
어느 날의 기억력은 술집에서 얼결에 동석하게 된 낯선 사람과 기울이는 술잔 같고,
인생에 홀연히 나타난 한 시간 동안의 친구 같고,
우리가 새빨간 거짓말과 사실을 도무지 분별할 수 없는 사이라면 간신히 진실을 말할 수 있을 것 같고,
빨간약을 구해줘, 이 말은 암호 같고, 우스갯소리 같고,
어디선가 어두운 목소리와 밝은 목소리가 유혹한다면 너는 어두운 목소리에 끌릴 것 같고,
그래서 말을 하다가 너는 어느덧 그림자와 자리를 바꿀 것 같고,
벽의 그림자들은 비슷비슷해서 내 것과 네 것이 바뀐 것 같고,
시간이 흐르면 누구나 그림자들과 싸우는 법이지, 끌끌끌, 너는 혀를 끌고 새벽에 나가는 사람 같고,
너의 혀가 길다면 조금 더 핥아줄 것 같고,

도시가스공사의 메아리

　공기처럼, 가스처럼 보이지 않는 것, 우리는 공기업입니다. 도시의 목욕물을 데우고, 시골의 목욕물을 데우고, 몸을 씻는 사람들을 한결같이 사랑합니다. 가만히 있어도 더러워진다는 것은 시간의 속성입니다. 깨끗해진다는 것은 좋은 일입니다. 시간을 거슬러가면, 지우개 가루 같은 때가 밀리고, 목욕물의 부유물들은 인간의 몸에서 떨어져 나와서 둥둥 떠다녔습니다.

　잿빛, 잿빛입니다. 도시의 색, 쥐의 색, 인간의 색입니다. 가스밸브를 오픈하는 존재에게 열리는 가능성 중에서 죽음을 고르는 사람이 있어서 슬픕니다……. 동반자살은 최후의 휴머니즘이다. 내 사랑의 규모는 지극히 소박하고, 오늘밤 내 사랑의 온도는 더없이 뜨겁고, 그들은 모두 공처럼 웅크려 자고 있다. 낮게, 낮게, 낮게 코 고는 소리가 코에서 빠져나간다. 공기가 빠진 더러운 공.

　굴러가지 않는 공은 공이 아니다. 연기가 나지 않는 파이프는 파이프가 아니다. 공기처럼, 가스처럼 보이지 않는 것, 그것이 중요합니다. 퍼져나가는 가스처럼, 퍼져나가는…… 목소리는 보이지 않습니다. 가장 멀리 퍼져나가는…… 목소리는 들리지 않습니다. 되돌아오지 못할 곳까지 갔습니다. 침묵에 가장 가까워질 때, 그것은 침묵입니다. 거기서 침묵하십시오. 거기에서 영원히 침묵하십시오. 거기까지 우리는 공기업입니다.

두 개의 바퀴

두 개의 바퀴를 쓰러뜨리지 않고 계속 굴리기 위해.
모든 도로는 거대한 검은 허파로 빨려 들어간다.
뜨거운 연기를 토하는 산이 보이는 도시에서 살고 있어.
몇백 년 동안.
혹은 자전거에서 우주선까지.
너에게 엽서 한 장을 띄우는 이유.
이쪽 빌딩에서 저쪽 빌딩으로 날아가는 새와 같지 않다.
자전거를 세워두고 편의점에 들어갔다. 생수와 담배와 콘돔을 샀다.
자전거 도둑이 없는 도시에서 살고 있어.
그까짓 자전거를 타고 네가 영원히 보이지 않을 때까지 도주할 순 없지.
너는 뭔가를 꼭 붙잡고 싶어 했다.
그러나 여기에 있는 것들.
빙빙 도는 두 개의 바퀴처럼.
한 개의 머리에 두 개의 귀가 존재하는 이유.
네가 기울어질 때 쏟아지지 않는 것들.
반대쪽으로 기울어질 때에도 쏟아지지 않는 것들.
검은 숲의 입구가 많이 존재하는 이유.

가을에 큰 홍수가 있을 거라는군.

별자리가 이동하고 있어.

겨울에 눈이 내리지 않을 거라는군. 괜찮지?

낮과 밤의 순서가 뒤집혀도 이틀만 지나면 너는 그 밤이 그 밤처럼 곤하게 잠이 들고.

바닷물이 따뜻해지고 꿈이 미지근해진다.

너는 곧 잊혀질 거야.

이민하

감은 눈

백치 바나나

음식의 윤리

소시민

7인분의 식사

옛 맛

이민하의 시는 극한의 것이 발산하는 서늘함과 날카로움으로 늘 생생하다. 심리적 극한이든, 육체적 극한이든, 그것이 일상의 사소함과 평범함에서 빚어진다는 사실이 불현듯 드러날 때, 차갑게 깨진 유리 조각에 베인 양 우리는 화들짝 놀라게 된다. 그의 시는 육체적 통증을 유발하는 자극이 무뎌진 감각을 놀래듯, 인간의 고통이란 언제나 가장 익숙하고 가까운 것들에서 비롯한다는 진리를 자기도취와 안온한 착각에 빠져 사는 이들을 향해 집어던진다. 그래서 파랗게 날 선 그의 언어는 가까운 이들의 삶을 망가뜨리고, 그들을 회복 불가능한 처참과 비탄에 빠뜨리며, 그렇게 이 세계를 끔찍하게 망치는 자에게 겨눠진, 그의 기만적인 평화와 무지를 깨뜨리는 무기가 된다. 놀라움은 그 언어가 내게 들이닥쳐 그 같은 파렴치한이 바로 나라는 사실을 일깨울 때 더 커진다. 그러니 이렇게 말할 수 있다. 이민하의 시는 내가 당신의, 그와 그녀의, 멀리 있는 누군가의 아픔의 진원지라는 것을 자기 자신을 아프게 만듦으로써 밝히는 언어다. 그의 환상이 비현실을 뒤집어 진짜 현실이 떠오르게 하는 고통에 찬 마법인 것은 그 때문이다. 그의 눈물이 빙그레 짓는 웃음 가운데 흘러도 무겁고 둔중한, 그치지 않는 폭우가 되는 까닭은 고통을 끼친 자, 고통을 받은 자의 몸과 마음을 자기 것으로 되받아 안기 때문은 아닐까? 환상의 미학이 공감의 언어적 그릇이 될 수 있다는 점을 이민하의 시만큼 보여주는 예도 없다.

― 강계숙·문학평론가

감은 눈

눈을 뜨고도 눈을 뜨고 싶다고 했다 이를테면,
눈을 뜰수록 앞이 깜깜해져요

눈앞에 시력 검사표가 펼쳐졌다
외눈이거나 돋보기안경을 가졌다면 전문가가 되었을까

(네 개의 눈알을 번뜩이며) 老의사가 말했다:
어디 한번 봅시다
왼쪽 눈을 감고서 읽어봐요

병원에 갈 때마다 숫자 글자 그림까지 모두 외웠다
지시봉의 흐름도 눈에 익혔다

(가느다란 막대를 휘갈기며) 老시인이 말했다:
그럼, 이번엔 오른쪽 눈을 감아볼까
나는 눈을 마저 감고 더듬더듬 입을 열었다

눈을 감고도 눈을 감고 싶어졌다

문을 잠그고 손잡이를 일곱 번 돌리는 습관하고는 다른 것이다
나는 안으로 안으로 눈을 열고 들어갔다

검은자위가 초콜릿처럼 뚝뚝 흘러내렸지만
그는 왼쪽 눈을 뜨라고는 하지 않았다

백치白痴 바나나

처음 만난 바나나에게 손을 내민다. 바나나가 손을 내밀 순 없으니까.
바나나를 잡으면 먹겠다는 뜻이다. 바나나를 기를 순 없으니까.
바나나를 먹었는데 바나나를 또 만난다. 이름이 없는 건 죽지도 않는다. 바나나를 부를 땐 그냥 한 개, 두 개.
백치 같은 이 저녁을 아다다라고 부를 수 없듯이.

전학을 가면 친구가 바뀌는데 낯선 책상은 왜 이름이 그대로인가.
칼로 북북 난도질당한 책상은 왜 신분을 숨긴 야쿠자처럼 앉아 있는가.
옆 반에서 칠판을 지우던 아이에게 첫눈에 반했는데, 그러면 훗날 좋아한 사람들은 첫사랑이 될 수 없나.

믿지도 않으면서 너는 묻기만 한다.
그래 그럼, 아마 다섯 번째거나 스무 번째쯤? 다섯과 스물 사이에는 반올림된 사랑도 숨어 있다는 뜻이다.
차라리 키스를 몇 번 했니? 그렇게 묻는다면 덜 헷갈릴 텐데.
고개를 갸웃거리며 시간의 순서를 왼다. 세 번째 바나나가 세 개라는 뜻은 아닌데.

어차피 입 하나론 한꺼번에 두 개를 꽂지도 못하는데.

어제도 먹은 바나나를 오늘도 먹는다.
점심엔 나머지 두 개를 먹었는데 너는 왜 바나나가 모두 사라졌다고 소리치는가.
바나나에 엔진이라도 달렸니. 어제도 그제도 같은 속도로 바나나를 집었을 뿐인데
너는 왜 끝이라고 말을 하는가.

마트에는 바나나가 쌓여 있고 나는 첫인상을 꼼꼼히 고르고
너의 뒤통수 아래서 바나나 껍질을 벗긴다.
물감이 든 손으로 벗길 때도 눈물이 밴 손으로 벗길 때도 속살은 왜 언제나 하얀가.

고집 센 바나나를 들고 병원에 가면
의사는 껍질을 벗기듯 나의 눈을 뒤집어본다. 목록을 뒤져 병명을 챙겨주며
알 수 없는 소리로 야옹거린다.
죽은 선생도 야옹거렸고 생선을 입에 문 채 삼촌도 죽었다.
아이 귀여워, 혀가 짧은 입들을 어루만질 때
나는 조금 인간적이 된다. 눈이 커지고 말투에 원근법이 살아난다.

깜깜한 밤에도 감정선이 살아나서 행인처럼
변장을 하고 마트엘 간다.
도무지 얼굴이 외워지지 않는 계산원은 명찰을 보니 백 번째 상대역이다.
미끌미끌한 백 번째 미소 속에서 까발려진 잇몸이 바나나 속살 같다.

바나나를 먹으면 껍질을 모으기로 한다. 세 개를 먹은 후엔
배부른 느낌도 생길 것이다. 의사가 기다리고 있는 차를 타고 국도를 탈 수도 있다.
그가 야옹거릴 때마다 바나나 껍질로 노랗게 입을 막을 것이다.
야옹거리는 건 고양이만으로 충분하다.

음식의 윤리

새벽부터 확성기가 공원을 들쑤셨다
벤치 위의 야상잠바들이 공중화장실 앞에 줄을 섰다
달착지근한 온수가 지급됐고 그들은 오 년 만에 세수를 했다
거리에 계신 여러분, 한 사람도 빠짐없이 입장해주세요
면도칼을 잡고 계신 여러분, 오늘은 포크를 잡으세요
파티 매니저가 입장권 대신 구강 검사를 했다
찍으세요 진심을 다해 입을 벌리세요
침을 흘리세요 말은 흘리지 마세요
격앙된 침묵이 하루치의 음식에 집중했다
망자들은 입이 없어서 문 너머로 참관만 했다
이봐요, 먹다 남은 음식은 포장이 안 됩니다
소비하지 못한 포만감은 짐이 될 뿐입니다
나가실 땐 오른쪽 문을 이용하세요 왼쪽 문은 폐쇄되었습니다
망자들은 눈을 뜬 채로 문밖에 갇혔다
음식은 일사천리로 바닥을 보였다
실내에 계신 여러분, 한 사람도 남김없이 귀가해주세요
셀카를 찍는 여러분, 연출되지 않은 장면은 압수합니다
파티 매니저가 유례없는 성황이었다며 피날레를 준비했다

찍지 마세요 최선을 다해 입을 다무세요

이빨을 깨무세요 혀는 깨물지 마세요

접시를 들어 보이던 한 사람이 입을 오므려 복화술로 발언했다

음식 맛이 이상해요 의도가 뭡니까

기호의 차이일 뿐입니다 자신의 기호를 탓하세요

양팔을 끼워 허리를 접고 복도에서 서성이던 사람들이 뒤돌아봤다

귓속말을 주고받으며 음식 논란을 제기했다

배를 잡고 구르는 여러분, 병원에서 안정을 취하세요

입으로 토하는 건 집에 가서 해결하세요 화장실은 닫혔습니다

복통을 호소하던 사람들이 항의를 하러 건물 꼭대기로 올라갔다

병원에 함께 가려고 출입구에서 그들을 기다리는데

지나가던 친구가 뭐하고 있냐며 무심히 물었다

거긴 오 년 전에 무너진 건물이잖아

소시민 小詩民

나는 오글거리는 두 손으로 시 한 줄 써줄게

너는 무엇을 줄래?

밤낮으로 씹어대는 메마른 식빵에

새콤달콤 애인아, 너는 잼이라도 발라줄래?

나는 정전된 책상 앞에 앉아 비뚤배뚤 시 한 줄 써줄게

칼잡이 엄마야, 너는 눈을 감고도 척척 맹물 같은 가래떡이라도 썰어줄래?

나는 빗속에서도 시 한 줄 써서

그러나 축축하지 않게

호호 말려서

날개처럼 가볍게 달아줄게

절름발이 새들아, 너희는 유행가라도 불러줄래?

나뭇가지에 맺혀 있는 붉은 열매는 콩알만 한 내 심장을 달아놓은 것

잘게 떨리는 혓바닥을 찢어 바닷속 물풀도 쿠션처럼 깔았는데

물고기 독자야, 너는 무엇을 줄래?

막다른 잠에 숨겨둔 말들을 내가 먹어치워서

그런 건 없겠지만

망망대해 꿈속 어딘가 침몰된 보물선이라도 찾아줄래?

잠수부처럼 몰려다니는 먹구름의 市 이국의 바다를 표류하는 뼛
조각들의 市 물의 감옥에 영영 갇힌 암초들의 市 낮에는 코피를 쏟고
밤에는 고름을 흘리는 수평선의 市 종일 혀를 빼물고 다이빙하는 절
벽의 市 물속에서 기어 나와 밤마다 춤을 추는 익사체들의 市 자정의
유리구두가 참기름처럼 흐르는 물결의 市

  사방팔방 시를 펼치며
  불면하는 글자들처럼 알알이 쌓여 있는
  모래알로 밥을 짓고 모래알로 집을 짓는 해변의 공화국 같은 것
  뭉텅뭉텅 집어삼켜도 모래밭은 닳지 않는데
  회오리바람아, 너는 무엇을 줄래?
  뒷산에 하수구에 처박힌 말들을 내가 먹여 살려서
  그럴 리 없겠지만
  나는 주머니가 텅텅 비어 눈두덩처럼 푹 꺼져도
  살 한 톨이라도 탈탈 털어 접시에 내줄게
  육수 한 방울이라도 빨래처럼 짜서 술잔에 내줄게
  주머니의 구멍처럼 뚫린
  동공을 덧대고 꿰매며 나를 생산하는 손가락들아,
  구구단처럼 외워버린 내 얼굴을 들고 서서
  밤은 긴데
  더 이상 서프라이즈는 없니?
  나는 얼굴을 곱하고 나눠서 줄줄줄 시 한 줄 써줄게
  거울아 거울아, 너는 무엇을 줄래?

나 몰래 씹는 눈물 한 알이라도 나누어줄래?

7인분의 식사

두 사람은 악수하고 두 사람은 얘기하고 두 사람은 웃고
한 사람은 빈 의자 옆에 앉아 창밖을 본다

악수는 셋이서 못 하나?
일곱이서 손을 잡으면 그건 체조가 되나?

밖에는 흰 눈이 목련꽃처럼 떨어지는데

일곱 사람이 모이면 1인분의 밥공기처럼
일곱 개의 우정이 분배될까
번갈아 짝을 맞추면 스물한 개의 우정이 발명될까
서넛씩 대여섯씩 뭉치면 동심원처럼 늘어나는
기하급수의 우정을 위해

종소리가 울려 퍼지듯
주방에는 낡은 냄비 낯선 냄비 동시에 끓고

일곱 사람이 동시에 입을 열면

세 쌍의 대화와 한 명의 독백이 발생할까

한 쌍의 대화가 탱크처럼 독백 위를 지나가고

세 쌍의 대화가 함께 폭발하면 거대하게 부푸는 핵구름 아래서

내통하는 입과 귀가 몰래 낳는 기형의 비밀들

목을 비틀면 벌컥

거품부터 입에 무는 맥주잔을 쨍그랑 부딪치며

귀를 틀어막을 수 없어서 소시지로 꾸역꾸역

입을 틀어막는 사람들

합창은 혼자서 못 하나?

일곱이서 입을 맞추면 그건 침묵이 되나?

밖에는 흰 눈이 까마귀처럼 떨어지는데

일곱 사람이 게임을 한다

두 개의 테이블을 국경선처럼 붙이고

법칙과 벌칙 사이에

모여 앉으면 나사처럼 끼워지는 홀수의 감정

컨베이어벨트처럼 게임은 돌아가고

술래가 된 사람은 007가방을 집어 들고 차례로 일어선다

최종후보작

첫 번째 술래가 얼굴에 유니폼을 착용하고 자리를 뜬다
스무 살의 술래가 후닥닥 인사도 없이 따라가고
서른 살의 술래가 추적추적 그 뒤를 밟고

핏물 자욱한 화염 속으로 종적을 감추는 사람들
그다음이 누구든 상관없다는 듯이

밖에는 흰 눈이 토마토처럼 떨어지는데

수류탄처럼 심장을 말아 쥐고서
빈 의자 위에 앉아 있는

나는 여덟 번째 사람, 혹은
아직 오지 않은 첫 번째 사람

옛 맛

무엇이 마음을 이끌었습니까
가볍게 물 한잔을 권하겠습니다
맛에 취해 있는 한 맛을 소유할 수 없습니다
룸을 차지한 가족이 젓가락을 들기 전 묵념을 합니다
일용할 추억에 대하여
고개를 쳐들며 각자의 취향을 집어 올립니다
누가 이 맛의 전달자입니까
테이블 밑으로 포크를 떨어뜨렸을 때
재빨리 달려와 새것으로 바꿔준 청년입니까
이물질이 묻지 않은 접시를 날라다 준 아가씨입니까
주문대로 제시간에 생선을 칼질해준
위생모가 잘 어울리는 주방장입니까
글씨가 희미해진 차림표를 친절하게 읽어준 주인여자입니까
누가 이 맛의 안내자입니까
손님을 가리지 않고 받아주는 미끄러운 유리문입니까
무심히 지나가도 오늘따라 눈에 띄는 간판입니까
현기증과 공복감이 혼동되는 대낮의 거리입니까
밤과 낮으로 떠밀려 다니는 하루 두 끼의 얼굴들입니까

그들 속에서 음식 냄새를 흘리는 체크남방입니까

그 냄새를 입은 적 있는 옛날 연인입니까

누가 이 맛의 주인입니까

그의 곁에서 메뉴를 배운 어린 숙녀입니까

그녀의 식탐이 처음 우려낸 미소입니까

그 미소를 게걸스럽게 뿜어대는 옆 테이블의 여자입니까

테이블을 쾅 내려치는 창가의 남자는 모두의 시선을 훔칩니다

피가 흐르는 주먹 안에 고인 것은 무엇입니까

자, 여기는 누구의 기억 속입니까

그가 주먹을 쥐고 있는 한 우리의 입은 정지합니다

서서히 펴지는 그의 손으로 쓸어내리는 건 누구의 가슴입니까

다시 맛을 싣고 그네를 띄우지만

손가락은 하늘 끝까지 밀어 올리지 못합니다

숟가락을 잠시 내려놓으면 포만과 허기는 휴전입니까

누가 이 맛의 상속자입니까

줄을 서지 않아도

문밖으로 나가면 다시 차례에 끼어 있습니까

가볍게 물 한잔을 권하겠습니다

입가심을 하려고 고개를 젖히는 앞사람은

일어서는 사람입니까 기다리는 사람입니까

이수명

나무에 올라갔는데

누워 있는 사람

누가 잠시

그대로

툰드라

세상의 모든 휴가

시와 시론에서 모두 경지를 보여주는 우리 시단에서 매우 귀한 사례가 되는 시인이다. 무엇보다 시에서의 실험정신을 지상 과제로 삼는 시인이 어떻게 하면 오래 써나가는 동시에 동어반복에 그치지 않을 수 있는지를 스스로 증명해 보이고 있는 시인. 이미 한 차례 폭발을 경험한 미래파 시인들이 향후 참고해야 할 가장 모범적이면서도 극단적인 사례를 선보인 시인이라고 할 수 있다. 올해 발표작 역시 이수명다운, 이수명만의 시를 선보이고 있다. 이수명을 벗어나지 않으면서 새로운 이수명의 시가 무엇인지를 목격하게 하는 시들이다. 특히 「밀집지역」 같은 작품은 실험시로만 국한해서 읽어서는 안 되는 폭넓은 설득력을 지니고 있어서 더 반가웠다. 한국시의 가장 먼 곳에서 가장 굳건한 영토를 거느린 시인으로 이 시인을 결코 빼놓을 수 없을 것이다.

— 김언 · 시인

나무에 올라갔는데

나무에 올라갔는데 혼자 몰래 올라갔는데 내가 올라가자마자 나무는 구불구불 휘어지기 시작한다.

어떻게 낭떠러지를 만드는 거니?
낭떠러지는 한 번에 만들어지고 한 번에 다다를 수 있어 너를 낭떠러지라 부를게

너는 나무를 유지하고 너는 하늘을 어루만지고 있구나, 하늘을 고정시키는 법을 알고 싶었다.

이를테면 눈을 감고 뼈로 돌아오는 법

나는 자꾸 손을 뻗게 된다. 나무 위에서 나무를 상상하게 된다. 다시금 조용해 보이는 곳을 선택한 것인데 한숨을 내쉬고 늦은 오후를 보내려 한 것인데

오후는 가지 않고 어쩌면
나무는 오래전에 떠내려가버린 건지도 몰랐다.

누워 있는 사람

누워 있는 사람은 풀밭을 열고 눕는다.
풀은 오늘 부드러운 차양

땅을 온통 감고 기어가는 풀들도 있지

가장 높은 곳에서 태양은 갈가리 찢긴다.
태양을 어디에 두어야 하나

어디에 두어야 할지 모를 때
눈물은 밖으로 떨어진다.

누워 있는 사람은 처음 감정이 생겨난 사람
감정 위에 누운 사람
육체보다 길어진 사람

모든 도약이 사라진 사람
모든 도약이 사라진 풀밭
모든 풀이 짧게 잘려나간

입을 막고
지구처럼 생긴 아주 둥근 말을 해본다.

등이 굽은 사람들이 지나간다.

누가 잠시

　잠에서 천천히 깨어났다. 울면서 깨어났다. 잠의 안에서 밖으로 영문 모르는 눈물이 흘렀다. 어깨가 흩어져 있다. 누가 울고 있었던 걸까, 누가 잠시 숨어 있었나, 내가 소녀일 때도 있고 아침이 뚫려 있을 때도 있다. 아침이 나타날 때 아침을 다오. 잘 알려진 의상들이 변함없이 성립되었고 계속해서 너의 의상이 되고 싶어. 미래는 최초에 지나갔기에 우리는 미래를 계속해서 사용했다. 비치볼을 던지며 소녀들은 되풀이되고 누가 잠시 숨어 있었나, 누가 울고 있었던 걸까, 텅 비어 있는 너의 비치볼이 되고 싶어. 오늘은 잠을 잃었다. 나는 어디에나 잘 들어맞았다.

그대로

알려지지 않은 마을이었다.
나는 너에게
너는 나에게
알려지지 않을 거다.

마을의 입구에는 마을 사람들이 가득했다.
사람들이 전단지를 나누어준다.
이 손에서 저 손으로

전단지들이 흘러 다닌다. 흘러 다니다가 아무 데나 붙어버린다.
아무 때나 비가 올 거다.
비를 뒤집어쓰고
전단지들이 죽을 거다.

전단지를 읽는다.

아무 데서나 내려오는 비를
전단지를 통과하거나 통과하지 못하는

아무 데서나 새는 비를

그대로
맞고 서 있다가

다시 마을에 쪼그리고 앉는다.
마을은 알기 어려웠다.

툰드라

무슨 생각을 하고 있기에 생각이 방을 가로질러 가기에
똑같은 벽이 나타나는 걸까

방바닥을 돌아다닌다.
방은 잘못이 된다.

무슨 상점이 들어섰기에

나를 아랑곳하지 않는 점원들과 내가 아랑곳하지 않는 점원들이
점원들로 이어져 있고

이 구석 저 구석을 돌며
툰드라여

점원들은 모였다 흩어지고 흩어졌다
모이고
점원들은 동선이 없고

서 있는 발목들은 똑같고
똑같은 발목들이 차례로 살아날 것만 같았다.

여기서는 눈을 깜빡이지 않을 거야

이제 나의 차례가 올 거다.
두 손을 모으고 나면 차례들이 차이가 없어지고 나는
앞뒤가 사라진 잉어들이 될 거다.

앞뒤가 구별되지 않을 거다.
무슨 한 바퀴를 돌고 있기에

세상의 모든 휴가

어느 날인가는 문득 사과를 하고
밖으로 나가 휴가를 시작하자.
그때가 되면 대기는 다음 날도 그다음 날도 꼼짝을 않고
꼼짝 않고 바닥에 주차선을 그리는 사람들
그래, 바닥에는 아무 선도 그리지 말자

어느 날인가는 쉴 새 없이 창을 때리는 비가 오고
나 혼자 서둘러 놀라고
이윽고 거리가 떠들썩해지면
나 혼자 먹먹해질 것이다.

표정을 바꾸지 않고
딴마음을 먹고
투명한 과자를 구우리
오리들이 드러나 있는
호수
까맣게 잊어버리리

예전과 다름없이 몇몇 이웃을 들락거리고
그들의 집 앞에 커다란 초인종을 만들어 달아놓을 것이다.

보호할 수 없는 지상의 날들

날들 속으로 지금처럼 계속 걸어가는 것이다.
깃발을 펼치듯이
세상의 모든 휴가를 활짝 펴고

이원

우리는 지구에서 고독하다

귀 드로잉

장대높이뛰기 선수의 고독

사람은 탄생하라

당일 오픈

식물인간의 고독 2

종심(從心) 곧 마음 가는 대로 살아도 하늘에 잘못이 없는 경지가 성인의 경지라면, 종언(從言) 곧 말이 가는 대로 써도 시가 되는 경지가 좋은 시인의 경지일 것이다. 좋은 시는 단어가 지시하는 의미를 겨냥하지 않고 그 의미 너머의 마음을 겨냥한다. 그것을 간절함이라고도 하고 슬픔이라고도 하고 지극함이라고도 부르겠다. 최근 이원의 시를 보면 말이 활달하고 거침이 없으면서도 산문에 떨어지지 않고, 일상에서 간절함을 길어 올리면서도 지리멸렬과는 거리를 두었다. 이전의 시들에서 보이던 어떤 테마, 어떤 대상들이 일상의 세목들로 바뀌었음에도 시는 더 간절해지고 슬퍼지고 지극해졌다. 그리고 지구 전체를 조망하는 유사-신('詩人'은 그런 조망점을 가지고 있다는 점에서는 '神'이지만, 제 자신이 그 조망 아래서 개미보다도 작다는 걸 아는 그런 신이다.)의 자리까지 넘보고 있다. 지극한 슬픔과 고독이 그것을 가능케 했을 것이다. 대체 이 시인은 어디까지 깊어지려는 것일까.

―권혁웅·시인

우리는 지구에서 고독하다

7cm 하이힐 위에 발을 얹고

얼음 조각에서 녹고 있는 북극곰과 함께
우리는 지구에서 고독하다

불이 붙여질 생일 초처럼 고독하다
케이크 옆에 붙어온 플라스틱 칼처럼
한 나무에 생겨난 잎들만 아는 시차처럼
고독하다

식탁 유리와 컵이 부딪치는 소리

죽음이 흔들어 깨울 때
매일매일 척추를 세우며 우리는
지구에서 고독하다

출판기념회처럼 고독하다
영혼 없는 영혼처럼

코스프레처럼 고독하다

텅 빈 영화상영관처럼
파도 쪽으로 놓인 해변의 의자처럼
아무 데나 펼쳐지는 책처럼
우리는 지구에서 고독하다

어제와 같은 오늘의 햇빛과 함께

문의 반복처럼
신발의 번복처럼
번지는 물처럼

우리는 고독하다

손바닥만 한 개에 목줄을 매고
모든 길에 이름을 붙이고
숫자가 매겨진 상자 안에서

천 개가 넘는 전화번호를 저장한 휴대폰을 옆에 두고
벽과 나란히 잠드는 우리는
지구에서 고독하다

꼭 껴안을수록 뼈가 걸리는 당신을 가진
우리는 지구에서 고독하다

하나의 창에서

인간의 말을 모르면서도
악을 쓰며 우는 신생아처럼
침을 흘리며 엄마를 찾는 노인처럼

물을 마시고
다리를 접고 펼치고
반은 침묵
반은 허공

체조선수처럼

우리는 지구에서 고독하다

제 속을 불 지르고 만 새벽 두시 도로처럼 고독하다
길들은 끊어지고 싶다
열두 살에 죽은 아이의 수목장 나무 앞에 놓인 딸기우유처럼 고독하다

막힌 문을 향해 뛰어가는 비상구 속 초록 인간과 함께
우리는 지구에서 고독하다

시체를 뜯어 먹는 독수리들과 함께
높은 곳의 바람과 함께
다른 말을 하나로 알아듣는 이상한 경계와 함께
우리는 고독하다

흰 변기가 점령한 지구에서 우리는 고독하다

변기의 무릎을 갖게 된 우리는

지구에서 고독하다
펭귄은 지구에서 고독하다
토끼는 지구에서 고독하다

오로지 긴 귀가 머리 위로 솟아 있다

주파수 93.1MHz가 잡히는 지구는 고독하다

귀 드로잉

어디로 침입이 가능하겠습니까. 들리는 것들은 모두 사라집니까. 알지 못하는 목소리들이 던져졌습니다. 글러브가 아닌데. 강속구. 공은 돌멩이. 영영 막아주겠습니까

장대높이뛰기 선수의 고독

소리 내지 말자 귀들이 다 없어지도록

칼날을 내부의 사랑이라고 하자
피 묻힌 손으로 얼굴을 지우고 있다고 하자
얼굴은 점점 더 선명해졌다고 하자

그 어떤 소리도 없다 하자
말들은 모두 울다 잠들었다고 하자
미친 사람은 울부짖던 말에 칭칭 묶였다고 하자
묶은 것이 지상의 사랑이라고 하자
사랑은 사로잡힌 것이라 하자
사로잡힌 것에 타들어갈 수 있다고 하자

미친 사람은 씻지 않고 검어진다
손가락과 발가락은 몸으로부터 놓여난다
밝아오는 것은 묶인 것이다
허공은 다 타서 아무것도 남지 않은 것이라고 하자

숲길은 세상에 없다고 하자
숲길은 세상에 있다고 하자
배가 제일 고파질 때 찾아오는 것이 죽음이라고 하자
죽음은 가장 끝의 식욕이라고 하자
가장 절박한 식욕이라고 하자

생존이었다면

굶주림은 제 입도 같이 씹었다

제 살을 쉴 새 없이 삼키며 돌아갔다
나온 곳으로

거기가 시작이었다고 하자
거기를 봄이었다고 하자
거기에서 숨이 아예 막혔다고 하자
거기에 항문을 빠트리며
호명을 빠져나갔다고 하자
절연이라고 하자

몇 날 며칠이고 땅을 팠다고 하자
거짓말

뼛가루를 묻은 땅을 두드렸다고 하자
나오지 마라
여기로 다시는 돌아오지 마라
틈을 막아버렸다고 하자
입만 삼킬 수 있는 곳이 아니라고 하자

오도 가도 못하는 허기가 몇 년째 목구멍에 걸려 있다고 하자
느닷없이 쏟아지는 눈물은
목구멍의 불편함이라고 하자

세상이 눈앞에 나타나는 것은 목구멍이 잠시 뚫린 것이라고 하자

그 순간 뛰어올랐다고 하자
다 잃어버리고 남은 손 두 개와 발 두 개라고 하자
거짓말
손 두 개와 발 두 개만 남기고 싶은 거라고 하자
텅 빈 곳에서 뻗어나간
손과 발은 그 누구의 뜻은 아니었다고 하자
장대의 기울기는
아무 뜻도 아니었다고 하자

사람은 탄생하라

우리의 심장을 풀어
발이 없는 새
멈추지 못하는 것이 아니라
날수밖에 없는 운명을 가졌던

하나의 돌은

바닥까지 내려온 허공이 되어 있다
더 이상 떨어지지 않아도 된다

봄이 혼자 보낸 얼굴
새벽이 받아놓은 편지

흘러간 구름
정적의 존엄

앞에

우리의 흰 심장을 풀어
꽃
손잡이의 목록

그림자를 품어 그림자 없는 그림자
침묵으로 덮여 그림자뿐인 그림자

울음이 나갈 수 있도록
울음으로 터지지 않도록

우리의 심장을 풀어

따뜻한 스웨터 한 벌을 짤 수는 없다
끓어오르는 문장이 다르다
멈추어 섰던 마디가 다르다

그러나 구석은 심장
구석은 격렬하게 열렬하게 뛴다
눈은 외진 곳에서 펑펑 쏟아진다
거기에서 심장이 푸른 아기들이 태어난다
숨이 가쁜 아기들
이쁜 벼랑의 눈동자를 만들 수 있겠구나

눈동자가 된 심장이 있다
심장이 보는 세상이 어떠니

검은 것들이 허공을 뒤덮는다고 해서
세상이
어두워지지는 않는다
심장이 만드는 긴 행렬

더럽혀졌어
불태워졌어
깨끗해졌어

목소리들은 비좁다
우리는 다만 심장을 풀었어요

공평한 점심
되돌려주는 방

우리의 심장을 풀어
비로소 첫눈

붉은 피가 흘러나오는 허공

사람은 절망하라

사람은 탄생하라
사람은 탄생하라

우리의 심장을 풀어 다시
우리의 심장
모두 다른 박동이 모여
하나의 심장
모두의 숨으로 만드는
단 하나의 심장

우리의 심장을 풀면
심장뿐인 새

*사람은 절망하라/사람은 탄생하라: 이상, 「선에 관한 각서 2」에서.

당일 오픈

검은 새와 흰 새가 동시에 각각 다른 허공에 멈추었다

어제 아침은 갑작스러운 생각들을 거두지 않고 있다

20쪽 가량 읽던 책으로 파도가 들이닥쳤다

풀밭 속에 성한 사람과 미친 사람의 팔다리가 떨어져 있기도 했다

나무가 세상을 모른 척하고 지낸 지 수천만 년

어디에도 없는 골목에서 아가들이 눈을 뜨는 소리

횡단보도마다 달빛이 삶을 끌고 가는 소리

모퉁이를 돌면 어떻게 사과가 나타날 수 있습니까

모퉁이를 돌아 나타난 사과는 무엇입니까

식물인간의 고독 2

그곳에 빽빽한 침엽수림 그곳에 개미떼 까만 몸통과 발과 더듬이를 가진 그곳에 압정들

습지가 있다 물에 등을 대고 있다 썩는 등에서 낮과 밤이 쏟아진다 끓는다 뒤집힌다 넘친다 개미들은 목구멍 근처로 몰린다

천장은 공포를 한 방울도 흘리지 말고 있어라 천장은 단 한 개의 숨구멍도 열지 말고 있어라 어둠은 흘러내리는 것들을 모조리 담아라

등뼈가 열리고 있다

바람은 계속 불어라 창은 조금도 닫히지 말아라 어둠은 삽처럼 자꾸자꾸 파라 구덩이가 파묻힐 때까지

창가의 바깥에 정신을 세워두어라 정신은 어슬렁거리지 말아라 말라가는 잎사귀 끝은 흔들리지 말아라 난간은 좁아지지도 넓어지지도 말아라

불붙은 허공을 열어주지 말아라

목소리를 만들지 않겠다 눈을 깜빡이지 않겠다 손의 동작을 바꾸지 않겠다 그리고 여기 있겠다

ㄱ을 밀어내지 않겠다

산정의 구름 필사적

한 포즈 길고 푸른 이

빨들이 자란다

나는 봄 지나갑니다

(앙케이트

붉은 속살

그러나 듣고 있었다

시지포스의 신화

읽어볼 것)

이현승

벼룩시장

빗방울의 입장에서 생각하기

누가 이 구불구불한 생에 주석을 달 수 있단 말인가

사라진 얼굴들

봉급생활자

씽크홀

이현승 시는 유달리 새롭지도, 남달리 서정적이지도, '화려하게 절망적'이거나 호사스럽게 꿈꾸는 포즈를 짓지도 않는다. 그의 시에서 볼 수 있는 것은 다만 '욕정과 질투와 허기'—'이것보다 명확한 것'은 없는, '벼룩시장'적 세계에 지나지 않는다. 다른 별난 무엇이란 없다.

그러나 그 '구불구불한 생'에 그는 굳이 구차스러운 '주석을 달'려 하지 않는다. '우리는 아플 때 더 분명하게 존재하는 경향이 있'고, '고통보다, 통증보다 분명한 고독'은 없으며, '절박한 삶은 늘 각성과 졸음이 동시에 육박해온다'는 생의 간단치 않은 속성을 간단하게 묘파하는 것만으로 그의 시는 충분하다.

이현승 시는 우리의 실존을 어김없이 '여기가 이미 바깥'이고 '기다리는 일이 일상이 되어버린' 늘 망명 중의 '봉급생활자'로 만들어버리지만, 우리는 그 '전략'이 불쾌하거나 참담하지 않다. 그레고르 잠자의 무의지적 벌레처럼 우리는 시인에 의해 처음부터 '봉급생활자'의 삶을 언도받았음에 틀림없으니…….

벌레가 되었든, 봉급생활자가 되었든, 단지 '최선을 다해 여기 머무르면 그뿐'—이라는 일견 니체적 믿음과 신념을 이현승 시는 우리에게 유포한다. 그것도 '위에서 굳건한 자의 신념'이 아니라 '(뭐 쥐뿔도 없으면서) 아래에서 굳건한 자의 신념'을.

이현승 시는 이렇듯 아래에서의 당당함으로 그의 시 속 생의 누추한 현실을 압도한다. 기형도는 구름을 왜 이현승처럼 단순명료하게 보지 못했을까?

"저것은 구름이고 물방울들의 스크럼이고 눈물들의 결합 의지이며/피와 오줌이 정수된 형태이며 망명의 은유이다"(「봉급생활자」)라는 정의, 삶이 이토록 단순명료하게 지칭될 수 있다는 사실을.

'퇴근길에 보는 어둠은 거대한 짐승의 아가리 같다'라거나 '석고처럼 근엄한 표정들'이라는 등 차마 읽어주기엔 뻔한데도 너무 태연하게 말하는 이현승의 당당함이, 담담함이 그의 시를 당당하게 한다. 시가 언어의 수사를 압도하는 생의 소박한 진실이자 그것에 관한 시인의 육성이기를 바란다면, 이현승은 근래 보기 드물게 그런 바람을 충족시켜주는 시인이다.

─ 이선영 · 시인

벼룩시장

남들 다 내린 버스에 혼자 남은 기분으로 뉴스를 본다.
분당 절차에 접어든 정당의 지도인사들은
가정법원에 이혼 서류 내러 간 부부처럼 어색한 표정이다.
이제는 이혼 부부의 외동자녀가 된 기분으로 뉴스를 보면서
그나마 이혼율 급증과 출산율 저하는 어울리는 조합이라는 생각.

연애와 결혼과 이혼이 같이 늘어나는 걸 보면
추첨제가 가장 민주적인 것은 역설이 아니다.
나는 이혼도 사랑도 찬성이지만,
사는 사람들은 그냥 사는데,
이혼한 사람들에게 사랑이 더 절실한 것 같고

승차는 했으니 하차만 남은 사람처럼
앉아서 흔들리는 것은 미이혼남이고,
미이혼계의 거장까진 아니더라도 그는 여전히 한 집의 가장이고……
배 나오고 불콰하고 젊은 여자 눈요기하면 만점인데

공교롭게도 아홉시에 멎어 있는 시계 때문에 켜 보는 아홉시 뉴스.
어쩐지 요즘 건전지는 수명이 줄어든 것 같다는 생각이 든다.
담합일까? 충전식 건전지의 수명은 점점 더 짧아지고
철 지난 옷을 입고 씩씩하게 모여든 동창생들처럼
유행으로 말하자면 앞서거나 뒤쳐지나 촌스럽긴 일반이라는 생각.

빗방울의 입장에서 생각하기

밤의 도시를 바라볼 때처럼 명확해질 때는 없다.
어두운 천지에 저마다 연등을 달아놓듯
빛나는 자리마다 욕정이, 질투가, 허기가 있다.
이것보다 명확한 것이 있는가.

십자가가 저렇게 많은데,
우리에게 없는 것은 기도가 아닌가.
입술을 적시는 메마름과
통점에서 아프게 피어나는 탄식들.
일테면 심연에 가라앉아 느끼는 목마름.

구할 수 없는 것만을 기도하듯
간절함의 세목 또한 매번 불가능의 물목이다.
오늘은 내가 울고
내일은 네가 웃을 테지만

내일은 내가 웃고 네가 기도하더라도 달라지는 것은 없겠지만
울다 잠든 아이가 웃으며 잠꼬대를 할 때,

배 속은 텅 빈 냉장고 불빛처럼 허기지고
우리는 아플 때 더 분명하게 존재하는 경향이 있다.
아프게 구부러지는 기도처럼, 빛이 휜다.

누가 이 구불구불한 생에 주석을 달 수 있단 말인가

죽은 몸이 손톱을 밀어내는 힘으로 풀들이 자란다.

고통보다, 통증보다 분명한 고독이 있을까
짙푸르게 자라나는 풀숲을 볼 때마다
털이 자라나는 집중된 느낌, 두렵다.

헝클어진 머리카락 같은 밤의 풀숲으로 세차게 빗방울이 든다.
기도 같고 통곡 같고 절규 같은 빗소리를 듣고 있으면
풀숲 어디, 누가 누워서 살을 녹이고 있을 것 같다.

영혼의 쌍둥이처럼 주검의 얼굴 위에
가만히 얼굴을 포개어보는 것은 검은 빗방울.

나는 그대가 말하지 않은 것을 듣고
눈을 감고야 그대를 본다.

여름의 위대함이 곰팡이를 만들었다는 것을 기억하자.
살아 있는 몸이 짜낸 눈물이 지상으로 스미듯
우리는 소속과 가입을 통해서만 우리 자신을 이동시킨다.

사라진 얼굴들

우유팩에 새겨진 아이들의 사진은
아무리 들여다봐도 구체성이 없다.

아이들은 그냥 사라지지 않았을 것이다.
불행은 보살피던 자의 주의를 빼앗고 발을 묶은 뒤
결정적으로 아이를 가로채며 스스로를 완성했을 것이다.
변변한 사진 한 장 없다는 사실이 미아들을 웅변한다.

나는 전단지 속의 사진을 바라본다.
풍선을 손에 쥐고 환하게 웃고 있는 아이는 지금 서른 살이다.
아이는 손아귀를 떠난 풍선이 하늘로 올라가는 것을 본다.

목 졸린 얼굴을 천장에 처박고 있는 풍선의 끈처럼
갑자기 발밑이 사라지는 기분.
아무리 버둥거려도 발이 땅에 닿지 않는다.
공기가 희박해진다.

풍선은 하늘을 향해 유유히 올라가고

무언가를 결정적으로 놓친 자들은
물고기에게 눈을 파 먹힌 얼굴로 남겨진다.

무언가를 잃어버린 지점으로.
다시는 되찾을 수 없는 일곱 살로.

봉급생활자

우리는 나가고 싶다고 느끼면서
갇혀 있다는 사실을 깨닫고
나갈 수 있다는 희망을 포기하면서 더 간절해진다.
간절해서 우리는 졸피뎀과 소주를 섞고

절박한 삶은 늘 각성과 졸음이 동시에 육박해온다.
우리가 떠나지 않는 이유는 여기가 이미 바깥이기 때문이다.
기다리는 일이 일상이 되어버린 삶이 바로 망명상태이다.
얼음으로 된 공기를 숨 쉬는 것 같다.

폐소공포증과 광장공포증은 반대가 아니며
명백한 사실 앞에서 우리는 되묻는 습관이 있다.
그것이 바로 다음 절차이기 때문이다.
저것은 구름이고 물방울들의 스크럼이고 눈물들의 결합 의지이며
피와 오줌이 정수된 형태이며 망명의 은유이다.

그러므로 왜 언제나 질문을 바꾸는 것에서 시작해야 하는가?
어제 꿈에 당신은 죽어 있었어요.

나는 당신이 살아 있는 시점에서 정확하게 그것을 보았어요.
지금 당신은 죽어 있지만요.

구름의 그림자가 도시를 뒤덮었다.
파업이 장기화될 것 같았다.

씽크홀

퇴근길에 보는 어둠은 거대한 동굴 같다.
불행이 아가리를 벌리고 있다는 생각,
차도로 뛰어드는 아이처럼
단 한 걸음이면 우리는 벌써 도착한다.

도로와 함께 내려앉은 차량의 탑승자도
별일 없이 이 구덩이를 통과할 생각이었을 것이다.
응 지금 거의 도착했어 어쩌면 휴대전화로
오 분 뒤의 도착을 알리는 중이었을지도 모른다.
지갑을 놓고 와 되돌아가는 짜증스러운 오 분 탓에
누군가는 덧없이 덫을 피해갔는지도.

여름의 하굣길 오후에 우리는 저수지로 뛰어들곤 했지만
물주름이 사라지면 산과 하늘이 깔리던 그 자리가
통로가 될 거라고는 생각해보지 못했다. 어느 날
저수지의 봉인을 풀자 갇혀 있던 아이 하나가 끌려 나왔다.
들어갈 때와 다른 얼굴이었다.

있던 것이 사라진 자리가 구멍이다.
다시 단단해진 거울 위, 산을 소금쟁이가 지우며 지나가고
어린 네가 물이 들어간 귀를 털면서 뜀뛰던 고갯마루에
지금은 스핑크스라는 술집이 들어서 있다. 거기서

퇴근길에 그대로 가라앉아버리는 사람들도 있고
이 골목을 소금쟁이처럼 지나간 사람도 있다.
하지만 어떤 경우든 삶이 있어야 한다.
이 수수께끼 같은 삶을 무슨 대가를 지불하며 건너고 있는 건지
가야 할 길은 멀고 남은 시간이 없다고 생각될 때의 목마름,

퇴근길에 보는 어둠은 거대한 짐승의 아가리 같다.
내가 들어갈 그 아가리를 보다가 나는 잠시 구멍이다.

차주일

골목

얻다

홀로에 도착하지 못했다

최초의 파종

자음의 궤적

얼굴 부적

차주일 시의 가장 소중한 미덕은 철학적 깊이를 갖춘 시라는 점이다. 그의 시에는 인생과 문학, 그리고 존재와 우주에 대한 사유가 빛나는 광맥을 이루고 있다. "기원(起源)을 실천한 것은 맨손이었다."(「최초의 파종」)라는 시구가 시사하듯, 그의 시에는 '처음' '맨발' '맨손'로의 귀환의지가 밑금처럼 가로놓여 있다. 이는 자본의 인격화에 대한 고요한 저항이며 상처입은 생의 숨결을 되찾고자 하는 언어에의 꿈과 맞물린다.

「태초의 약관(約款)」에서 엿보이듯, 시인은 아이가 첫 순가락질을 하던 몸짓으로 젖꼭지를 찾던 그 입술로 '자음'과 '모음'의 세계를 더듬어간다. '최초의 파종' 같은 그 인간적이고 농경적인 언어들은 탐욕과 경쟁의 원칙으로 자신을 정체화하지 않겠다는 거부의 표현이며, 그런 방식으로 형성된 언어를 거부하겠다는 일종의 미학적 결단의 표출이다.

차주일은 우리 시단에서 비교적 조명받지 못했던 시인이지만, 미당의 시 정신에 비추어서도 그의 시는 결코 소홀히 할 수 없는 수작들이다. 힘 있는 사유와 '손맛'이 느껴지는 문체, 고백적인 언어에서 느껴지는 정직성은 그의 시가 던져주는 감동의 중핵이다. 자연과 생명의 순리를 되새기게 하는 동양적 시정(詩情), 인간적 향취와 심미적 밀도를 높이 평가하여 심사자들의 일치된 추천으로 후보작으로 선정하였다.

― 허혜정·문학평론가

골목

결국, 끝이 있다는 말이지
'막다르다'는 형용사에 체포되어 추방된 명사(名詞)란 말이지
원류에 쫓겨난 지류란 말이지
십육 톤 식수차가 오를 수 없는 넓이 앞에 멈추면
일 톤 탱크로리의 힘으로
엔진 소리가 언덕바지에 붙들리면
물통을 실은 자전거가 앞바퀴 흔적으로 뒷바퀴를 끌어당기며
바퀴가 등고선에 붙들리면
물병을 뒷짐 진 노인의 보폭으로
한 모금과 한 걸음을 바꾸며
홀로 걸어내야 다다를 수 있는 좌표란 말이지
결국, 골목은 사람에게
지금이자 여기이고 막장이다, 결론케 하는 문장이란 말이지
쪽방 한 칸을 마침표로 찍은 꼭대기까지
어떻게 빨아올렸을까, 한 방울의 사람을
우듬지가 물 모금 횟수를 손꼽으며 걸어 오르는 동안
어떤 꿈 꾸었기에
빈방과 고무신짝을 탈각한 맨주먹과 맨발로

수족(手足) 간의 높낮이를 헤아리는 순례에 나섰는가
결국, 나와 같은 맨주먹이 맨발 높이로 돌아와
모든 손가락을 뿌리처럼 편다는 말이지
그리하여, 없음과 바닥이 맞닿아 더 밑일 수 없는 곳에서
'막다르다'는 형용사를 까부수고
'움켜쥐다'는 동사형 수족을 쟁취한 명사(名士)란 말이지
그리하여, 바닥이 은폐한 그 밑의 밑까지
악몽을 걸어 내 끝내 길몽이게 하는 혁명가란 말이지

얻다

나는 '얻다'의 후손; 족보조차 없는
나의 시조는 "거저 주는 것을 받아 가진다"는 뜻의 '얻다'
증거에 입각하여 나를 말하자면
"여자 하나 얻어 살았다"고 말하는 사내의 장남

'얻다'에 대한 가장 먼 구전은
선택의 여지없이 꽃가마에 실렸다는 것
시댁 마당을 밟을 때 다리가 생겨났다는 것
마지막 눈물을 훔칠 때 손이 생겨났다는 것
얼굴도 보지 못한 사내에게 순정을 바쳤다는 것
자궁 속 내가 더듬더듬 내 얼굴을 만들면서
'얻다'에게도 얼굴이 생겨났다는 것
내 첫 울음소리를 추려 '얻다'의 이름을 지었다는 것

이름도 없던 '얻다'에 착상되었던 탓에
'얻다'의 이름; "엄마"를 닮은 '옹애'나 '어매'란 소리만 들어도
나는 눈물 흘리는 숙명

'나' 밖으로 떨어지지 않는 '얻다'의 눈물은
한없이 '나'에게 '나'를 수정하는 자가 교접

'나'가 '나'를 낳아야만
'나'의 감정대로 얼굴이 생겨날 거란 것
'나'의 감탄사가 이름이 될 거란 것 알았을 때
'얻다'는 어떤 표정으로 얼굴의 밑그림을 삼았을까

일생은 '얻다'의 회임 기간
주검은 '얻다'가 출산하는 제 얼굴
만가는 '얻다'가 꽃상여에 실려 추려낸 제 이름의 획순

비석에 새겨진 '얻다'의 이름은
'나'를 얼굴 앞에 운구하고야 마는 '나'의 목차(目次)

홀로에 도착하지 못했다

　홀로면 보게 되는 땅바닥에, 홀로면 보이는 제 걸음 간격으로, 발자국 화석이 찍혀 있다 오늘 그의 사연이 내게로 배달되었다 주소지가 내려다보는 발치라는 것, 외로움이 몸을 옮겨놓는 배달부란 것 알겠는데, 오직 한 방향으로만 가고 있는 사연만은 풍화된 지 오래다 누가 자기를 버린 겉봉인가? 행방불명인지, 지금도 제자리에서 헤매고 있는지, 두리번거리는 자를 찾아 두리번거리는 나를 땅거미가 힐끔댄다 그는 아직도 수취인을 찾지 못해 배달 중이고, 발자국 깊이에 담긴 어둠 한 홉을 읽지 못해 밝은 나는 아직 홀로에 도착하지 못했다

최초의 파종

열매를 채취하려 길어지기만 하던 두 팔이 다리보다 짧아지기 시작한 건 열매를 처음 씨앗으로 파묻은 손에 대한 장파형*이었다.

기원(祈願)이 창조해낸 기원(起源)을 실천한 것은 맨손이었다. 동물의 털로 뒤덮인 맨손이 파내고 되덮은 흙 한 홉이 싹과 넝쿨을 뱉어내고 껍질처럼 쭈그러졌을 때, 열매를 따 먹은 여자 젖통이 부풀었다. 제 젖 모양으로 빗살무늬토기를 빚어낸 여자가 토기를 땅에 박고 한 끼 분량을 고했다. 땅은 한 아름의 힘으로 토기를 바투어주었다. 이때, 젖통과 아기 입술 사이에서 사람의 간격이 소멸했다. 품에서의 퇴화는 조물주도 모르는 사람의 진화. 이윽고 아기 젖 빠는 힘과 땅이 바투는 힘 같아질 때, 어미가 양팔을 풀어 불완전한 첫걸음을 놔주었다. 그 아기가 내 선조의 선조였다. 방랑하던 선조가 사과를 따려고 마음 밖으로 손 뻗었던 탓에 내가 나를 안아볼 때 한 아름이 헐거웠다. 그리하여 나는 손을 거두어 가두는 방법을 찾아 한없이 방랑했고, 자신을 뒤돌아보는 게 제 마음속에 제 손을 수감하는 것이며 제 영토에 저를 정착시키는 일임을 눈치챘다.

젖통과 입술 사이는 부랑자에게만 잘 보이는 공지. 없는 간격이 영토인 어미 품으로 귀순하면, 누군가 내 마음 한 홉을 심어 한 아름으로 경작한다.

*장파형(掌破刑): 손을 돌로 쳐 뭉개버리는 형벌.

자음의 궤적

치어가 강물과 바닷물 경계에서 열쇠톱니를 갈고 있다
몸이라는 모음에 지느러미 자음을 수없이 고쳐 쓰며
바다의 자물통을 향해 고함치고 있다
이동과 정착의 기로에서
나무토막이라는 모음을 문지르고 문질러
자음으로 불씨를 붙여놓고 고함으로 읽는 사람이 보인다
나무토막이 사람의 감정으로 변태한 것
이런 게 세계를 열어젖힌다는 말이다
자음의 힘이다
치어의 심장이 받침 위치에서 깜박거린다
누가 이 몸짓 앞에서 침묵할 수 있을까
발음한 적 없는 입술을 목소리가 열어젖히는 순간처럼
물의 문을 연 치어가 바다로 들어간다
노을 삼만 필과 파도 삼천 리가 소릿값으로 딸려 간다
물 한 되 받침으로 적어 넣고
출렁거리는 혹등으로 사막을 연 낙타도 저랬을까
땅의 모음에 수없이 고쳐 적은 낙타 발자국이
끝내 모래언덕을 선동하여 사막을 옮긴다

회귀란 자음을 소진(燒盡)하여 소진(消盡)하는 것

연어라는 몸을 읽는다

지느러미를 태운 자음의 자리가 숯불처럼 붉다

강물은 연어의 해진 몸짓을 발음하지 않을 수 없다

물소리를 자음 삼는 들판은 등고선을 흔들지 않을 수 없다

산맥은 공중의 열쇠공이를 돌리지 않을 수 없다

설산 너머에서 야크젖 끓이는 연기가 솟는다

연기가 번개의 꺾은선을 더듬어 구름의 지느러미가 되는 순간

젖은 눈에서 떠나보내고 마른 고막에서 기다려본 사람은

자신이 회귀하는 간극을 읽는다

눈과 귀를 왕복한 독백이 너덜너덜하다

독백을 종성 받침 삼은 사람은 타자의 초성이 된다

얼굴 부적

1

아랫도리 떨어대던 경기(驚氣)에서 깨어나 뜬금없이 눈깔사탕을 찾던 한밤, 나를 둘러업은 어미가 십오 리 밖 읍내를 향해 칠흑을 걸었습니다. 어미가 발 내딛는 자리마다 밟힌 희미한 빛이 길이 되는 것을 신비롭게 여길 때, 내 몸이 단추를 채우듯 다스워졌고 광목저고리에 땀 배는 것을 보았습니다.

잠 깬 점방 주인이 짜증 한번 내지 않고 눈깔사탕을 건네주었습니다. 새벽빛에 물든 붉은 벼루 같은 입술에 붓털 같은 혀를 놀리며 물었습니다. '엄니, 돈도 안 주고 이름도 안 적어놓고 와도 되나요?' 엄니가 어제의 발음으로 대답했습니다. '아들, 점방 아저씨 얼굴에 엄마 얼굴 적어놓는 것 못 봤어요?' 나는 돌아오는 내내 대답을 찾지 못했습니다. 그 침묵이 내 몫으로 주어진 백지였다는 것, 밤의 빛깔로 부적 한 장 그려내야 한다는 것 역시 몰랐습니다.

2

비석 크기 문짝이 탁본지 떼어내듯 열렸습니다. 문틀 속에서 낡은 원판(原版) 같은 어미 얼굴이 보입니다. 축축한 창호지에는 어미 얼굴이 배어 있었고, 새벽이 어미의 표정대로 낮을 물들이기 시작했습니다. 그것은 나를 업고 힘겨워했던 어미의 체온이 나의 어딘가로 배던 느낌과 같이 또 다른 질문으로 남았지만, 잠에서 깬 내가 어미 미소에 순응할 때처럼 하루 역시 어미의 표정에 복종함을 마땅하다 여길 때, 낮이 어미의 불면만큼 길 거란 걸 예감했습니다.

3

뿌리가 약한 감나무 대신 뿌리가 흔들리지 않는다는 고욤나무 등치를 벱니다. 과실이 빈약한 고욤나무 대신 큰 감이 열리는 감나무 가지를 벱니다. 둘을 하나로 접붙이기 위해서는 평각이 아닌 빗각이 필요합니다. 두 빗각을 맞대 포대기 싸매듯 둘러 묶는데, 빗각으로 숙였던 어미의 등과 빗각으로 업혀 기댔던 내 앞품이 생각납니다. 그때, 수액처럼 배던 등의 땀과 체온을 오늘은 적어낼 수 있을 것 같습니다. 내 얼굴이 어미 등을 원판 삼아 부적 하나를 조각하는 과정임을 믿겠습니다.

4

아들과 함께 고향엘 갔습니다. 읍내에서 옛집으로 걸어가는데 "하봉순이 아들 아녀?" 누군가 나를 부릅니다. 나는 알아듣지 못하고 계속 걷습니다. "여보게, 박영출이 아들 아녀?" 이번엔 모르는 사람 이름으로 나를 부릅니다. 어미의 소싯적 친구가 달려와 나를 잡아 세웁니다. "봉순이 아들 아닌감?…… 아이고 미안허이. 저그, 점방 아들인가?…… 아니아니 물아래 동네 원갑이 아들이구먼?……"

내 미소가 내 얼굴을 인정하는 만큼 주름이 파입니다. 어미의 절반과 남의 절반을 닮아가는 내 얼굴도 조만간 탁본하러 오는 새벽을 맞을 수 있겠습니다.

최정례

인터뷰

동쪽 창에서 서쪽 창까지

시간의 상자에서 꺼내어 시간의 가장 귀한 보석을 감춰둘 곳은 어디인가?

희생

나는 짜장면 배달부가 아니다

딸기는 왜 이렇게 향기로운 걸까

최정례만큼 하나의 시행이 하나의 국면이라는 것을 아는 시인은 드물다. 시행이 바뀌는 순간이 만들어내는 여백이란 하나의 상황이 다른 상황으로 재배치되기 위해서 필요한 자리다. 거기에 무수히 얽혀드는 업들, 이를테면 망설이다 놓친 다른 삶과 가져보지 못했던 회상과 살아보지 못했던 전생이 밀려든다. 이미 시단에 '최정례 풍(風)'이라 불러도 좋을 이 깊이가 도입된 지 오래다. 그런데 이 시인은 제 자신의 풍을 버리고 산문시로 나아갔다. 물론 산문시라고 해서 토막 난 중언부언의 줄글일 리는 없다. 국면들의 섞임과 교체가 더 자연스러워지고 시선이 풍요로워졌다는 뜻이다. 이전의 시였다면 행을 꺾기 위해서 잘려나갔던 어떤 말들이 이처럼 모습을 드러낼 때, 우리는 저 유려함이란 시가 태어나는 자리의 다른 표현이라는 것을 알게 된다. 시인은 지금 시와 함께 시 쓰기의 비밀까지 우리에게 보여주고 있다.

— 권혁웅 · 시인

인터뷰

사격 선수가 첫 금메달을 땄다 또 올림픽이 시작되었다
적어도 한 달은 온 나라가 이렇게 지나갈 것이다
사격 선수는 인터뷰하면서 자기 아이에게는 절대
사격을 시키지 않겠다고 했다
모기가 내 다리를 물었다

종아리에 두 방, 정강이에 한 방, 산책로에서 물린 것인지
싱크대에 섰을 때 물린 것인지 소파에 누웠다가 몹시 가려워졌는데
이미 늦었다
생명은 자기 생명을 다하여 자신을 유지하려 한다
삶에 낭비란 없는 것 같다 가려운 인생
가려우니 긁을 수밖에

아버지에게 가봐야 한다
사회복지사의 말이 등급 외 판정을 받았기 때문에
주간 보호를 맡길 수는 없다고 했다
아버지는 목욕하다가도 비누칠한 것을 잊고 욕조에서 잠이 드는데
사회복지사와 인터뷰할 때는

자기 이름이며 생년월일까지 정확히 대답해버렸다
좀 더 바보가 될 때까지 기다려야 1등급을 받고
복지기관에 종일 맡겨질 수가 있다고 한다

금발의 여자애가 사격 선수 앞에 와서
사인을 받으며 금메달을 살짝 어루만졌다
참을 수 없이 가렵다
모기 물린 데 바르는 약은 어디에 둔 것일까

어젯밤 내내 꿈을 꾸었는데 내용이 전혀 생각나지 않는다
꿈속에서 지나친 것과 지금 지나치고 있는 것
두려운 것은 딴 세상과 이 세상 사이에 아무것도 없고
아무런 상관이 없게 되는 것이다

동쪽 창에서 서쪽 창까지

여자는 빨래를 넌다
삶아 빨았지만 그닥 하얗지가 않다
이런 식으로 살기를 선택한 것은 바로 너야
햇빛이 동쪽 창에서 서쪽 창으로 옮겨가고 있다
여자는 서쪽으로 옮겨 널어야겠다고 생각한다
이런 식으로 살기를 선택한 것은 바로 너야
그러나 이런 식으로 살게 될 줄은 몰랐지
서쪽 창의 햇빛도 곧 빠져나갈 것이다
오래전에 잃어버린 봄이 있었다
어떤 시는 오래 공들여도 거기서 거기다
억울한 생각이 드는데 화를 낼 수도 없다
어쨌든 네가 입게 된 옷이야
벗어버릴 수는 없잖아 예의를 지켜
얼어붙었던 것들은 녹으면서
엉겨 매달렸던 것들을 놓아버린다
놓아버려야 하는 것들을 붙잡고
이렇게 될 수밖에 없었기 때문에
이렇게 된 거지

이따위 말을 하는 것이 무슨 소용인가
형이 다니는 피아노 교습 학원차를
타고 싶어서 쫓아갔다가 동생이
피아니스트가 되었다는 얘기
그가 라디오에 나와 연주하고 있다
전에 살던 집에서는 멀리 산이 보였었는데
이 집은 창에 가득 잿빛 아파트뿐이다
전에는 아니었는데 지금은 이렇게 된 것
우연은 간곡한 필연인가
우연이 길에서 헤매는 중인데 필연이 터치를 했겠지
그래서 여기에 이르렀겠지
잃어버린 봄, 최초로 길을 잃고 울며 서 있었던 것은
여섯 살 때인 것 같다
피아노의 한 음이 이전 음을 누르며 튀어 오른다
우연과 필연이 서로 꼬리를 치며 꼬드기고 있다
문득 서쪽 창으로 맞은편 건물의 그림자가 들어선다
퇴근하는 지친 몸통처럼 어둡다

시간의 상자에서 꺼내어 시간의 가장 귀한 보석을 감춰둘 곳은 어디인가? *

지금 흐르는 이 시간은 한때 어떤 시간의 꿈이었을 거야. 지금 나는 그 흐르는 꿈에 실려 가면서 엎드려 뭔가를 쓰고 있어. 곤죽이 돼 가고 있어. 시간의 원천, 그 시간의 처음이 샘솟으며 꾸었던 꿈이 흐르고 있어. 지금도, 앞으로도 영원히. 달덩이가 자기 꿈을 달빛으로 살살 풀어놓는 것처럼. 시간의 꿈은 온 세상이 공평해지는 거였어. 장대하고 아름답고 폭력적인 꿈. 모든 아름다운 것들을 무너뜨리며 모든 아픈 것들로 녹여 재우며 시간은 흐르자고 꿈꾸었어. 이 권력을 저지할 수 있는 자, 나와봐, 이 세계는 공평해야 된다는 꿈. 아무도 못 말려. 그런 꿈을 꾸었던 그때의 시간도 자신의 꿈을 돌이킬 수가 없어. 시간과 시간의 꿈은 마주 볼 수도 없어. 너무 부끄러워.

* 셰익스피어, 소네트 65에서.

회생

한 달에 두 건 가지고는 유지가 안 돼요. 여덟 건 이상은 해야 돼요. 여름에는 노인들이 잘 안 죽어요. 이 업종에도 성수기가 있다니까요. 요즘은 일을 통 못했어요. 한때 우리가 바가지를 씌우고 불친절하다고 소문이 났었지만 그래도 지난 겨울엔 여섯 건은 했거든요. 요즘은 친절하려고 애쓰는데도 회복이 잘 안 되네요. 땅 사고 건물 짓느라 은행 빚을 많이 얻었어요. 장사가 잘 돼야 이자도 내고 원금도 갚아 나가지요. 이 김포시 인구가 24만인데 보시다시피 막 신도시가 들어서고 있잖아요. 머지않아 50만은 될 것이고 그중 노인 인구가 점점 불어나 이제 20프로는 노인이거든요. 그중 5프로만 죽는다 해도 그리고 대부분 큰 병원 영안실에서 장례식을 하고 나머지 10프로만 우리 장례식장에서 처리한다 해도 틀림없이 우린 회생할 수 있어요. 겨울까지만 좀 기다려 주세요. 노인들이 여름에는 잘 안 죽어요. 비수기라니까요.

나는 짜장면 배달부가 아니다

화가가 되고 싶었다. 대학 때는 국문과를 그만두고 미대에 가야 한다고 생각했다. 4년 내내 그 생각만 하다가 결국 못 갔다. 병아리를 키워 닭이 되자 그것으로 삼계탕을 끓였는데 그걸 못 먹겠다고 우는 사촌을 그리려고 했다. 내가 그리려는 그림은 늘 누군가가 이미 그렸다. 짜장면 배달부라는 그림. 바퀴에서 불꽃을 튀기며 오토바이가 달려가고 배달 소년의 머리카락이 바람에 나부끼자 짜장면 면발도 덩달아 불타면서 쫓아갔다. 나는 시 같은 걸 한 편 써야 한다. 왜냐구? 짜장면 배달부 때문에. 우리들은 뭔가를 기다린다. 우리는 서둘러야 하고 곧 가야 하기 때문에. 사촌은 몇 년 전에 죽었다. 심장마비였다. 부르기도 전에 도착할 수는 없다. 전화 받고 달려가면 퉁퉁 불어버렸네. 이런 말들을 한다. 우리는 뭔가를 기다리지만 기다릴 수가 없다. 짜장면 배달부에 대해서는 결국 못 쓰게 될 것 같다. 부르기 전에 도착할 수도 없고, 부름을 받고 달려가면 이미 늦었다. 나는 서성일 수밖에 없다. 나는 짜장면 배달부가 아니다.

딸기는 왜 이렇게 향기로운 걸까

자기 종족을 멀리 퍼뜨리기 위해 그러겠지
맛보고 못 잊겠으면 또 뿌려 심어달라고
그래봤자 인간들이 다 먹어치우고 마는데
딸기는 사랑스러워 앞으로도 뒤로도
사랑스러워 딸기는 그런 식으로 교묘하게
이야기를 숨겨놓고 있는 거지
총총한 씨앗 속에 또 다른 이야기를
그 이야기 속에 숨은 아주 다른 이야기를
다 하다 보면 딸기는 사라지고 마는데
딸기가 맛있다고 하하 웃는
당신 속에 또 다른 당신이 숨어 있다
당신 속에 숨은 독재자, 주정꾼, 야구에 정신 팔아버린,
고집불통, 대책 없이 꽥 소리치는 당신의 아들딸
당신 속에 당신들 종합선물세트처럼 가질 수가 없어
멀리서 바라본다
흰 셔츠에 단정히 타이를 매고 있는 당신이라는 당신
"괜찮아"라는 말이 숨겨놓은 뿌리 깊은 암세포
그런 식의 말에 숨어 사는 변덕과 완고한 이념들

그런 식으로 숨겨놓은 "사랑해"라는 말의 기운은

감기 기운 같은 것인지도 모른다

뜨거운 국 한 그릇이면 해결될

혹은 섹스 한 번이면 해결될 *

사랑한다는 말은

또 다른 말을 숨겨야 겨우겨우 당신에게로 가니까

그러니까

* Jeffrey McDaniel의 시 「The Benjamin Franklin of Monogamy」에서 빌려 변주했음.

제13회 미당문학상 심사 경위

하현옥 · 중앙일보 문화부 기자

제13회 미당문학상 첫 운영위원회는 5월 22일 열렸다. 운영위원회는 미당문학상 예심위원 5명을 선정했다. 회의 결과 권혁웅 시인, 김언 시인, 이선영 시인, 강계숙 문학평론가, 허혜정 문학평론가를 예심위원으로 선정했다.

예심위원들은 6월부터 본격적으로 심사 작업에 착수했다. 지난해 7월부터 올해 6월까지 주요 문예지 30여 종에 발표된 시를 모으는 작업부터 시작했다. 1차 예심은 6월 26일 중앙일보 본사에서 열렸다. 심사위원들은 본심에 올리고 싶은 시인을 추천해 31명의 시인을 우선 추렸다. 1차 예심에 오른 시인은 다음과 같다.

강성은, 김경주, 김이듬, 김행숙, 박정대, 박준, 박판식, 박형준, 서효인, 신용목, 유희경, 이근화, 이문재, 이민하, 이수명, 이영주, 이원, 이제니, 이현승, 장승리, 장철문, 정끝별, 조말선, 조연호, 조용미, 차주일, 최금진, 최정례, 함기석, 허연, 황병승(시인 이름 가나다순).

예심위원들은 해당 시인에게 개별적으로 연락해 1년 동안 발표한 작품을 취합했다. 심사위원이 미처 챙겨보지 못한 잡지에 발표한 시가 있을 경우 이를 놓치지 않기 위한 것이다.

2차 예심은 7월 19일 열렸다. 예심위원들은 본심에 올리고 싶은 시인을 각각 10명씩 자유롭게 써냈다. 이 결과를 취합한 뒤 투표와 추가 논의를 거쳐 본심에 올릴 시인 10명을 골라냈다. 10명의 시인과 작품은 다음과 같다.

강성은 「환상의 빛」 외 16편
김행숙 「인간의 시간」 외 27편
박정대 「너무나 아름답고 장엄한 마지막 인사」 외 16편
이민하 「감은 눈」 외 16편
이수명 「나무에 올라갔는데」 외 17편
이원 「우리는 지구에서 고독하다」 외 14편
이현승 「벼룩시장」 외 13편
차주일 「홀로에 도착하지 못했다」 외 27편
최정례 「인터뷰」 외 21편
황병승 「앙상블」 외 7편

본심위원을 선정하는 두 번째 운영위원회는 7월 31일 열렸다. 그 결과 본

심 심사위원 5명은 김사인 시인, 김혜순 시인, 송찬호 시인, 이시영 시인, 황현산 문학평론가로 정해졌다. 본심위원에게는 예심위원들이 골라낸 시인 10명의 작품을 모은 후보 작품집이 발송됐다.

한 달여 후보작을 검토한 본심위원들은 8월 30일 본심 심사를 했다. 시인의 개별 작품에 대한 평가부터 올해 후보작의 경향까지 다양한 논의가 이뤄졌다. 이를 바탕으로 심사위원별로 2~3명을 수상 후보자로 추천했다. 그 결과 김행숙 시인이 5표, 이수명 시인과 황병승 시인이 각각 3표, 최정례 시인이 2표를 얻었다.

본심위원들은 이렇게 압축한 후보 4명의 작품과 작품 세계에 대해 치열한 논의를 펼쳤다. 김행숙 시인은 거침없는 상상력과 활달한 언어로 주목을 받았다. 이수명 시인은 현실과 상상의 접경을 기민하게 넘나들며 견고한 인식의 틀과 간명한 문장으로 현실을 낯선 세계로 옮겨놨다는 평가를 받았다. 하지만 시론의 구축을 위해 시를 쓰는 듯하다는 지적도 있었다. 최정례 시인은 삶의 깊은 고통을 다듬지 않은 산문의 음조 속에 감추며 다른 단계에 접어든 시 세계를 보여줬다는 평을 들었다. 다만 화법이 단순하고 이전의 시에 비해 거칠게 느껴지는 점이 아쉬움으로 지적됐다.

황병승 시인은 말로 가능한 온갖 표현력을 동원해 인식의 한계에 이를 때까지 주제를 천착하는 노력이 감명을 줘, 우리 시가 나아갈 수 있는 어떠한 정점을 보여줬다는 평가를 받았다. 특히 일반성과 보편성을 확보해가는 모습을 보이면서도 여전히 매력적인 시작을 보여준다는 점에서 시 세계의 깊이가 깊어지고 시인으로서도 무르익고 있다는 평을 들었다. 본심위원들은 이런 점을 고려해 황병승 시인을 2013년 미당문학상 수상자로 선정했다.

심사평

이 사회의 서발턴들의 처절한 고독

이시영 · 시인

 이런저런 심사를 하면서 느끼는 바인데 쓰는 사람 못지않게 심사자 역시 대상 시인 못지않게 온몸으로 그 작품의 '모험의 이행'에 동참하지 않으면 안 되는 순간이 있다는 것을 절실히 체험하게 된다. 쓰는 사람도 그 작품에 자신의 전부를 투여했겠지만 심사자 역시 그 작품의 운명에 자신을 걸어야 한다. 마지막까지 논의된 작품들 가운데 나 자신을 투신하고 싶은 시인은 황병승이었고 그 대상작은 「내일은 프로」였다.

 모두 여덟 개의 소제목이 붙은 이 소서사(小敍事)에서 그가 보여주고자 한 것은 "다양한 각도에서의" 자신-화자의 실패담이다. 그 실패담들이 우리에게 강력히 환기하고자 하는 것은 "칼라(collar)가 더럽게 빳빳"한 기품 있는 사람들로 이루어진 이 사회의 서발턴(subaltern)들의 처절한 고독이다. "결국 실패를 보여주는 데 실패하고"만 '프로' 소설가 지망생의 "이 무엇이라고 말할 수 없는 나라의 수도의/한복판에서"(김수영 시 「H」)의 다음과 같은 새벽 질주는 그 자체가 블랙 코미디이면서 동시에 지배계급에 대한 강력한 항의를 함의한다.

    피츠 피츠……
    희미하게 밝아오는 새벽 거리를
    나는 달리기 시작했습니다
    비에 젖은 후줄근한 옷차림도 아랑곳하지 않은 채
    여자가 집을 나갔다는 사실도 잠시 잊은 채
    소설, 소설만을 생각하며 나는 달리기 시작했지요
    또다시 실패를 보여주는 데 실패하고 말지라도

  이상의 '13인의 아해'들의 질주를 연상시키는 이 단독자들의 고군분투는 결국에는 또다시 실패를 예정하고 있지만 자본이 점령한 이 거대도시의 한 귀퉁이에 균열을 내고 있다. 이 균열이 또 실패할지라도 아마 그들의 질주는 계속될 것이다. 그것이 이 시의 참담한 '전언'이다.

  황병승 외에 나의 시적 취향에 매혹을 선사한 시인들은 더 있다. 김행숙과 이수명이 그들인데, 김행숙의 화려한 에로티시즘과 이수명의 집요한 시적 구축은 충분히 이 상의 수상자가 될 만하다고 생각하지만 안타깝게도 이들의 시에서 황병승만 한 '전위'로서의 대담성과 갈증을 덜 느낄 수밖에 없었다.

작가 소개

황병승　1970년 서울에서 태어났다. 2003년 《파라21》에 「주치의 h」 외 5편의 시를 발표하며 작품 활동을 시작했다. 시집으로 『여장남자 시코쿠』(2005), 『트랙과 들판의 별』(2007), 『육체쇼와 전집』(2013)이 있다. 제11회 박인환문학상(2010)을 수상했다.

강성은　2005년 《문학동네》 신인상으로 등단했다. 시집으로 『구두를 신고 잠이 들었다』(2009), 『단지 조금 이상한』(2013)이 있다.

김행숙　1999년 《현대문학》으로 등단했다. 시집으로 『사춘기』(2003), 『이별의 능력』(2007), 『타인의 의미』(2010)가 있다. 노작문학상을 수상했다.

이민하　2000년 《현대시》로 등단했다. 시집으로 『환상수족』(2005), 『음악처럼 스캔들처럼』(2008), 『모조 숲』(2012)이 있다. 현대시작품상을 수상했다.

이수명　1994년 《작가세계》로 등단했다. 시집 『새로운 오독이 거리를 메웠다』(1995), 『왜가리는 왜가리 놀이를 한다』(1998), 『붉은 담장의 커브』(2001), 『고양이 비디오를 보는 고양이』(2004), 『언제나 너무 많은 비들』(2011), 시론집 『횡단』(2011) 등을 펴냈다. 박인환문학상, 현대시작품상, 노작문학상을 수상했다.

이원　　　　1992년 《세계의 문학》으로 등단했다. 시집으로 『그들이 지구를 지배했을 때』(1996), 『야후!의 강물에 천 개의 달이 뜬다』(2001), 『세상에서 가장 가벼운 오토바이』(2007), 『불가능한 종이의 역사』(2012)가 있다. 현대시학작품상, 현대시작품상을 수상했다.

이현승　　　1996년 《전남일보》, 2002년 《문예중앙》으로 등단했다. 시집으로 『아이스크림과 늑대』(2007), 『친애하는 사물들』(2012)이 있다. 2012년 7회 숨뫼창작기금을 받았으며, 현재 계간 《시작》 편집위원이다.

차주일　　　2003년 《현대문학》으로 등단했다. 시집으로 『냄새의 소유권』(2010)이 있다.

최정례　　　1990년 《현대시학》을 통해 등단했다. 시집으로 『내 귀속의 장대나무 숲』(1994), 『햇빛 속에 호랑이』(1998), 『붉은 밭』(2001), 『레바논 감정』(2006), 『캥거루는 캥거루고 나는 나인데』(2011)가 있다. 현대문학상, 백석문학상 등을 수상했다.

작품 출처

「내일은 프로」
「앙상블」
「가죽과 이빨」
「톱 연주를 듣는 밤」
「스무살의 침대」
「티셔츠 속의 젖을 쓰다듬다가」
「목책 속의 더미dummy들」
「당나귀와 아내」
「자수정」
「신scene과 함께 여기까지 왔다」

— 황병승, 『육체쇼와 전집』, 문학과지성사, 2013

「아빠」
「눈보라 속을 날아서(상)」
「눈보라 속을 날아서(하)」
「그리고 계속되는 밤」
「물고기의 노래」
「헬싱키」
「회전목마가 돌아간다 Sick Fuck Sick Fuck」
「춤추는 언니들, 추는 수밖에」
「모모」
「웨이트리스」

— 황병승, 『트랙과 들판의 별』, 문학과지성사, 2007

「주치의 h」
「커밍아웃」
「검은 바지의 밤」
「후지 산으로 간 사람들」
「여장남자 시코쿠」
「사성장군협주곡四星將軍協奏曲」
「왕은 죽어가다」
「에로틱파괴어린 빌리지의 겨울」
「메리제인 요코하마」
「부드럽고 딱딱한 토슈즈」

— 황병승, 『여장남자 시코쿠』, 문학과지성사, 2012

「환상의 빛」
「기일(忌日)」
「단지 조금 이상한」
「어떤 나라」
「환상의 빛」
「구빈원」

— 강성은, 『단지 조금 이상한』, 문학과지성사, 2013

제13회
미당문학상
수상작품집

내일은 프로

초판 1쇄 2013년 10월 25일

지은이 황병승 외

발행인 김우석
제작총괄 손장환
책임편집 박성근
아트디렉팅 권오경
마케팅 김동현 김용호 이진규 이효정

사진 권혁재

펴낸곳 중앙북스(주) www.joongangbooks.co.kr
등록 2007년 2월 13일 제2-4561호
주소 (121-904) 서울시 마포구 상암동 1651번지 상암DMCC빌딩 20층
구입문의 1588-0950
내용문의 (02) 2031-1383
팩스 (02) 2031-1398

ISBN 978-89-278-0488-8 03810

- 이 책은 저작권법에 따라 보호받는 저작물이므로 무단전재와 무단복제를 금하며
  책 내용의 전부 또는 일부를 이용하려면 반드시 저작권자와 중앙북스(주)의 서면동의를 받아야 합니다.
- 잘못된 책은 구입처에서 바꿔드립니다.
- 책값은 뒤표지에 있습니다.